其レハ事故物件ニ非ズ

さたなきあ

竹書房
怪談
文庫

目次

本文挿画：さたなきあ

まえがき

「井戸の上に物を置いてはいけない！」

……と、あなたは子供の頃に大人——年長者に言われませんでしたか？　あるいは田舎に遊びに行ったとき、おじいさんやおばあさんに言われませんでしたか？

昔は敷地内の家や長屋等で共用のものなど、井戸がたくさんありました。それらの井戸は子供などが誤って転落するのを防ぐため、あるいは不測の物が落ちて水質が汚濁されるのを防ぐため、たいてい上に蓋がつけられます。そうしてその蓋の上には、ついつい何かを置きがちです。たとえば植木ばさみ。庭の雑草を刈り取るための鎌等々。しかし、そんなことをすれば、たちまち大目玉をくらいます。井戸の上に軽々《けいけい》に物を置くものではない。とりわけ刃物のたぐいを置いていけない——などと。理由をたずねても、たいてい教えてはもらえません。いや、大人たちもおそらく、その理由を明確には知らなかったのでしょう。

現在。それらの井戸の多くは、敷地の片隅で放置されてはいないでしょうか？　各々の家に水道があることこそ、あたりまえ。井戸はその役割を終えて、かつては水をくみあげたポンプも錆びついたまま、おそらくは分厚いコンクリートの蓋を戴いて放置状態になっている。あなたならその場所を、何か別の用途に利用しようとは思いませんか？　井戸を潰して埋めてしまって有効利用を考えませんか？

しかし令和の現在ですら、井戸を潰すことを嫌う人は大勢いるようです。いや、専門の業者ですら、その作業を嫌がるとも。井戸はぞんざいに扱ってはならない。現役のときはもちろん、たとえ役目を終えたとしても軽々に埋め潰してはならない。やむをえずそうする際は、しかるべき手順を踏まなければならない、と。

それらのいわば〝タブー〟は、理屈をつけて説明することはできない。ただただ古来からの経験則等で構築された、理外の理なのです。説明することはできないが、おろそかにすれば何かしらの、よろこばしくないことごとが起きる。その確率がはねあがる——的な。

あなたならば、これをどのように考えるでしょう？

世間が、いや人間世界が、いかに高度にデジタル化されようとも。きっと量子コンピューターが万物の解析を進めようとも。理外の理は常に働いているようです。過去から現在。そして、おそらくは未来に。ちっぽけな人間とその利器などではおしはかることすらできない、何らかの「力」をもって。そして、それは時におそろしい側面を垣間見せる。

〝呪い〟〝祟り〟〝障り〟……そして〝怪異〟。呼び方は千変万化しても、その本質に変わりはない。それらはいわば「地雷」や「不発弾」のようなもの。前触れもなく理屈も通じず。信じようと信じまいと、ある日ある時ある場所で、いきなり遭遇することになる。遭った者は傷つけられる。ときには命すら脅かされる。そう、それだけの……単純きわまりないメカニズム。単純——だからこそ、おそろしい！

さあ、理外の理を信じる方も信じない方も。どうぞ境界をこえた〝こちら側〟を、ほんの少し、のぞいてみてくださいな。ふだんの日常と紙一重はさんだ〝こちら側〟を……。

さたなきあ

たしかに幽霊はでない

①鳴動する部屋

永田さんはA県N市の、某企業に勤めている。

その会社は、典型的な一族経営である。彼はそこで社長の秘書的なポストに就いていたのだが、ある時――その社長から「個人的なこと」という前置きで、奇妙とも言える〝お使い〟を仕事として任されることになった。

社長には甥がいる。甥といっても50に手が届く年齢である。ずっと無職で独り暮らしで、社長が面倒を見ていることは永田さんも知っていた。〝お使い〟というのは他でもない、その甥に定期的に直接生活費を届け、かつ様子を見てきて報告してほしい――というものだった。

高齢の社長が温情で、訳ありの身内の面倒を見てやり生活費まで出してやっているとしても、なぜ銀行振り込みですまさないのか。ましてケースワーカーもどきのことをしなければならないのか。永田さんには、ふに落ちなかった。それでも仕事は仕事だ。彼の立場では断ることはできない。かくして永田さんは月に一度、その甥宅へ赴くことになったのだが。

社長の甥。仮にAということにしておこう。正直に言えば永田さんは、初対面時からAに好感がもてなかった。いや、はっきり言ってしまえば嫌いであった。

Aはいつも不衛生で、しかもだらしがない。いつ散髪したかもわからない髪に無精ひげ。かすかに異臭のする衣服は、おそらく寝間着であろう。50に手が届くというのに、その身なりはおよそ来客を迎えるものとは言えなかった。

その上、態度は横柄で口調も永田さんを、なめているとしか思えないものだった。

(イイ年をして、なんなんだ、この男は。社長もぜんたい、どういうつもりで、こんなやつの面倒を見ているのだろう。社会不適応者の見本のようじゃないか。まあ面倒を見ざるをえない理由は、いくつも想像できるけれど)

想像はできる。けれど、それを口に出すことはできない。ご法度《はっと》だ。30代の永田さんは当然、世故《せこ》は心得ていた。たとえ目の前にいる自分よりもはるかに年長の人物が、世故というものに無縁であったとしても、だ。

その日も永田さんはA宅を訪問しないわけにはいかなかった。かれこれ数回目の訪問となる。

「いつもすまないね、センセイ」

Aは永田さんのことを〝センセイ〟と呼ぶ。これ以上はないくらい軽い口調で。

「……Aさん。何度も言いますが、私は先生などではありませんよ。その呼び方はやめていただけませんか？」

「失敬失敬。でもね。この呼び方がね。しっくりくるんだよな。永田センセイ。かんべんしてくれないかな。うひっ」

永田さんがAに嫌悪感を抱くのは、まさにこういったところであった。

好きになれないといえば、この家もそうだ。誰の名義であるかなど永田さんは関心もなかったが、一戸建てのそれは平屋で狭く、しかも老朽化している。応接間など元から存在しない。Aは、いつも永田さんが訪れると〝食堂〟に通す。そうして、そこにある薄汚れた大きなテーブルで差し向かいになるのだった。もちろん茶の一杯も出てこない。仮に出されても、Aの手で淹れられた茶など永田さんは飲みたくなかったが。

永田さんは万事に几帳面だった。A宅を訪問した際、あとで報告しやすいよう自分で質問表を作成していた。その時も彼は、はやく終わらせたいという内心を隠しながらAに近況をたずねていたのだった。それこそ、ケースワーカーみたいに。それに対してAはといえば、ぞんざいに、そうして面倒くさそうに短く答えてゆく。

〝食堂〟は北向きで採光がよくない。初夏の昼下がりだというのに、なんとなくうすら寒くうす暗い。——と。

がたっ。

一瞬だが部屋が揺れた。テーブルの他には、わずかな食器類が置いてある小さな棚と、やはり小さな冷蔵庫くらいしか見当たらない殺風景な〝食堂〟。その棚のなかの食器類が、カチャカチャと音をたてた。永田さんは一覧表で隠すようにしていた顔をAに向ける。

「何です、今のは。地震かな?」

「…………」

また茶化したような声が返ってくるかと思ったのに、テーブルの向かいのAは沈黙している。スマホで地震情報を見ようかと動かした永田さんの手は、しかし途中で止まってしまった。

Aは、じっと天井のあたりを見上げていた。永田さんも、つられて視線をそちらに向ける。が、うす汚れた天井板があるだけだ。そこには何も——ない。なくて、あたりまえなのだけれど。

「……センセイ。あんた信じるかい？　幽霊ってのを」

「え？」

とうとつで。そうして、あまりにも場違いな質問であった。さらにつけくわえれば、目の前の人物に最も似つかわしくない単語がまじっている。いつも他人を――いや世間そのものを――なめたようなしゃべりかたをするAなどには、とりわけ。

（今、何て言った？　幽霊って言ったのか？　幽霊がなんだって？）

「俺は信じない。幽霊。そんなもの信じない。ああ、そうさ。世間じゃいろいろ言うさ。祟りだの呪いだの心霊スポット？　うちにはＴＶもないけどさ。オヤジやオフクロがいたときに観てたＴＶじゃ、しょっちゅうやってたよな。

ああ、そうだ。あの頃にはうちにもＴＶがあった。今じゃ骨とう品のＶＨＳビデオとかいろいろ。で、そーいうのを垂れ流しやがる。特番に特集。ドラマに映画。まるでこの世がナントカ霊であふれているみたいにだ。自爆か地縛か知らないが色んな名前をつけてるよなあ。センセイも、そーいうの観たことあるだろ。え？」

Ａは何か――せきを切ったようにしゃべっている。永田さんは驚いた。この男が、こんなに饒舌《じょうぜつ》にしゃべるのを初めて見たからだった。それにＡが両親のことに言及するのもだ。

社長は何と言っていただろう？　たしかAの両親は数年——いや、もっと以前だったか。失踪したとか何とか。

「幽霊。……ユーレイか。ひひひ。俺は信じないね。いひっ。そんなもの。あ。また開いてやがる」

Aはそう言うと、ふいに立ち上がって永田さんの座っている椅子の背後にまわった。そこには小さなトイレに続く洗面所があって、やはり小さな窓がある。その窓が半分ほど開いていたのだ。

「道理で、スースー風が入ると思った。もう初夏だっていうのに寒くってかなわない。お客も来てるっていうのにさ。こお、きっちり閉じて——と」

言葉どおりにAは窓を閉める。だが永田さんは何か、違和感を感じていた。

(自分が来たときにはたしか……閉まっていたのではなかったか、あの窓。しかも、この男は一度も洗面所に行かなかったはずだが)

そんな永田さんの内心の疑問に答えるかのように、Aはしゃべり続ける。

「オヤジとオフクロがこの家を建ててから何十年になるかな。ガタがきていてさ。あちこち。うん。ちょっとした振動でも開きやがる。窓とか、窓とか、窓とか」

さっきの地震で窓が開いた――そう説明したいのだろうか。けれども今のAの動作を見ていると窓枠が老朽化しているのか、かなり閉めるのに力を込めていたようだったが？

窓を閉め終えたAはテーブルの定位置に座った。しかし、その視線は定まらない。目の前の永田さんではなく何か――他の何かを追っているようだ。

「えーと。えーと。何の話だったっけ。ああ、オヤジたちならさあ、今は遠くで暮らしているよ。うん。センセイも伯父に聞いてるだろうけどさあ……」

永田さんが社長から聞かされていた話では、Aの両親は失踪した――のではなかったか？　落伍者の息子に愛想をつかして？　しかし、そんなことはおかまいなしにAは舌を動かす。

「俺はね。オヤジたちとは折りあいが悪かった。そのあたりも聞いてるんだろ、センセイ。隠さなくってもいいよ。何かというと説教、説教！　ああ、ものごころついてから、ずっとだった。まあ、あいつらにしてみれば俺はできそこない――穀潰《ごくつぶ》し、か。30過ぎても定職に就かなかったもんな。そう思われても、まあ当然か。いひっ。伯父だって俺をもてあましてさ。内心では死ねばいいとか思ってるだろうよ。くそ。また開きやがって、あの窓！　しようがないな……」

どこからどこまでが、ひとりごとか会話かわからない。が、Aはまたしても突然立ち上がると、洗面所に向かう。確かに――そこの窓は開いていた。今しがたAがきっちり閉めた窓が。

（どういうことだ。何で、あの窓は？　いつのまに開いたんだ？　誰が開けた？）

誰が開けた？　いや、開けた者などいない。少なくとも、この〝食堂〟にいる人間のなかには。

ガタガタガタガタ！

まただ。また――部屋が揺れた。今度は、さっきより多少、揺れが強い。がちゃがちゃと音があちこちで響く。

（地震？　こんなに立て続けに？　揺れそのものは大したことはない。しかし、これは――）

「うるさいな！」

永田さんの困惑をよそに、Aが怒気をこめた声で言う。

「ああ。失敬失敬。センセイに言ったんじゃないんだ。くそ。まったく、やっていられない。小細工ばかりだ。何なんだよ、まったくよお。あいつらときたら……」

　ぶつぶつと唸るＡ。しゃべることすら厭だった相手に、しかし永田さんはたずねずにはいられない。

「何を。何のことですＡさん？　あいつらとか、小細工とか」

　Ａの視線は再び部屋のなかをさまよい、永田さんの方を見ようともしない。

「何のことだって？　ああ、よくあるんだ。いひっ。ヒヒヒ。壁とか天井とかね。思いっきり叩くよーなのとか。いひっ」

「思いっきり――叩く？」

　誰が？

「ああ。俺は信じちゃいないよ。幽霊とかさ。最初に言ったよな。この頃は特にひどいけれど。みんな理由があるのさ。いひっ。なにしろガタがきてる家だもんな。初夏といっても寒暖差か。異常気象とやらで最近むちゃくちゃだろ。そーだろ？　建築材も膨張したりその反対だったり、音もたてるさ。窓だってな。ひひひ。勝手に開くこともあれば閉まることだって。……センセイ、あんた飲むかい？　一杯どうだい？」

　唐突にＡは永田さんに酒をすすめた。

「いえ。勤務中ですので」

「ヒヒヒ。そうか、失敬失敬。真面目だねえ。センセイは。立派でソンケーされる社会人、か。えーと。オヤジが置いていった酒なんだよ。俺は下戸《げこ》だから飲まない。一滴も、やらない。けれどね。あいつは値打ちものだと自慢してたな。ああ、自慢ばっかりだ。こんな家しか建てられないくせに。くそ。ああいうところも気にいらなかった。オフクロもオヤジに、すりよるばかりさ。飲めない俺をバカにした目で見て。天井から、アルコール臭のする水を滴らせたりするのも、あてつけかよ。くそ……」

今度は何だ。天井から水が滴る？　アルコール臭とは？

「しかしまあ、そういうのもみんな気のせいさ。そうだろ。俺は信じない。ほら、天井はいつも、このとおり乾いているもんな。雨漏りも何も一切なしだ。無問題だ。オヤジやオフクロがいなくなっても何も問題なんか、ない。ああ、無問題だ。ヒヒヒヒヒ」

これまでの訪問でもAは常識外の言動があった。だが、今日のそれは豹変としか言いようがない。あの、妙な揺れで何かのスイッチが入ったかのようだ。およそ常軌を逸している。頭のなかで社長に報告する文句を整えつつ永田さんは、すばやく持参した書類を鞄のなかに戻しはじめた。

そんな永田さんをよそに、Aの口から言葉は、ほとばしり続ける。

「寝てるときも首を絞められる。ああ、アレもつまるところ気のせいさ。床下を何かが這ってて、俺が寝てる敷きっぱなしの万年床の真下までやってきて。そいつが畳越しに俺に執《しつ》拗《よう》に話しかけてくるとか。いひっ。いひっ。みんなみんな気のせい。しつこく怨みを唸るだって？　そんなこと――知ったことか。ひひひ。ヒヒヒ。俺は信じない。幽霊？　笑っちゃうよ。まったくさあ！　やれるもんなら、やってみろってんだ！」

ごおっ。

三度めの揺れは、もはや揺れなどとは言えない。〝食堂〟が鳴動しているとしか形容できなかった。

「うるさいって、言ってる、だろうがぁぁぁぁあああ‼」

Aは、血走った目で怒号する。

永田さんは鞄を抱えて立ち上がり、戸口に向かって走り出す。Aが、椅子を蹴って突進してきたのだ。おそろしい形相で。いや、ちがう。Aは永田さんに襲いかかったわけではなかった。洗面所だ。またしても開いているあの――窓に向かったのだ。

一瞬だけ洗面所に向けられた永田さんの眼には、三度開いている窓が映った。そして……その窓の前にいる何かも。もっとも靴をはく暇もあらばこそ、外に飛び出した永田さんには自信がない。最後に視界に入ったかもしれないモノに関しては。

……社にもどった永田さんは、社長に報告をした。それは型どおりの報告とは、かけはなれたものになった。社長は終始、黙って聞いたあとでこう言った。

「今後の『お使い』は他の者にまかせよう」

その後、永田さんには多少の臨時収入があったようだ。

後日調べても、あの日、N市内で地震が起こった記録などはまったくない。見聞きした奇妙なことごとも、いみじくもAが言ったようにそれぞれ説明づけられるといえば、そのとおり。永田さん自身、〝幽霊〟を信じないという点ではAと同意見だった。そう——同意見ではあったけれど。

明敏な永田さんであったから、豹変したAの断片的な台詞と社長の態度から、いくつか〝あの家〟における可能性について考えることはできる。だが考えるだけ無駄だろう。考えないこと——それこそが〝世故にたける〟というものだから。

たしかに幽霊はでない　②腐臭が近づいてくる……

関西に住むものなら誰もが聞いたことがある某有名住宅地。そこの住人である主婦の鹿島さんは語る。

そこは誰もがうらやむ高級住宅地――と言われてから歳月がたっていた。世代がわりが進むとともに住宅群は老朽化が進行した。一部が取り壊されて歯抜けのような更地となる一方で、それらの更地に真新しい新築住宅が建てられ、また新しく住人が他所《よそ》から入ってくることもある。

70代の鹿島さんは、いわば古参の住人だ。近所のS夫婦は、その住宅地では典型的な〝新住人〟であった。

夫婦ともに50代だろうか。夫であるS氏は何か堅い職の上の方の地位にあるらしい。会えば挨拶ていどの間柄だ。S夫人の方は快活とまでいかないけれど愛想もよく、鹿島さんとは趣味等で意気投合した。

常軌を逸した暑さの夏も、やっと落ち着いてきた頃。鹿島さんは日課の散歩の途中、S

邸の前を通りかかった。豪邸ではないけれど趣味のいい、コンパクトにまとまった新築家屋であった。門ひとつとっても洒落《しゃれ》ている。

その門を見つめてS夫人が道路際に立っているのが鹿島さんの目にとまった。散歩の途中で彼女に会うのは珍しくなかったが、なぜか手にはスプレー缶のようなものを握っている。うかない顔の夫人に鹿島さんは、いつものように声をかけた。

「どうかしたの？」

そう聞くと、変な臭いが門のあたりからする、のだという。

「変な臭い？」

「ええ。生ゴミみたいな……お肉が古くなって傷んでいるみたいな」

なるほど、それで消臭スプレーを持っているのかと、と鹿島さんは合点した。

「今朝、主人を送るときに気がついたんだけど。でも、おかしいんです。門のまわりに、それらしいものは何もないし」

鹿島さんも、そう言われて注意してみたが——何も感じない。

「主人にも、そう言われました。個人差かしら？　もしかしたら犬か猫が何か……その、したんじゃないかと思って、これを吹きかけていたんだけれど。少しマシになったような。

そうでないような」

「ふうん。ひょっとしたら、よそから漂ってきたのかもしれないわねえ」

「そうですね。そうかも……」

そのときは、それでおしまいであった。しかし別の日に鹿島さんは、またスプレー缶――今度はかなり大型の――を携えているS夫人を見かけることになる。夫人は門ではなく、門から10メートルほど離れた玄関の前に佇んでいた。かなり思いつめている、そんな印象であったらしい。

「何をしているの。そんなところで」

S夫人は佇んだまま動かない。返事もしない。聞こえないのだろうか？　いつもは草木の手入れなどをしていても、すぐに返事が返ってくるのだが――鹿島さんが再び呼ぶと、はっとした様子で夫人は短い階段をおりてきた。

「ごめんなさい。ちょっと、ぼおっとしちゃって」

顔色が悪い。目のまわりにくまが目立つ。それに携えたままのスプレー缶……。

「ひょっとして、このあいだの臭いなの？」

あれから半月以上たつのだが。

「ええ。そうなんです」

あれ以来、何度も異臭がするのだという。いやいや、悪臭――汚臭と表現した方が、ぴったりくる臭いが。最初は門の周辺だけであった。それが数日後には門の内側の階段の下あたりで。それから階段の上。……と次第にそれは家屋に近づいて、今では玄関先で臭うのだという。

「臭いもひどいけれど。何か怖いんです。もしかしたら誰か――その何て言ったらいいのか。知らない間に敷地内に侵入して何かを置いたり、撒きちらしているような気がして」

嫌がらせ。あるいはストーカー行為ということか。昨今ありえないことではない。だが。

「何も――見当たらないんですよ。何か臭いの元になるものを撒いた痕跡とか、シミとか。それに――」

夫は、あいかわらずそんな臭いはまったくしないと言い切るのだった。鹿島さんも玄関先まで入らせてもらったが、なるほど何も臭わない……。

「どういうことでしょう。私には今も臭うんですよ。我慢できない。何か、お肉が放置されて。その……」

腐っている臭い。小動物のたぐいが死んで、間近で腐敗している臭い。

「気持ち悪くて。業者を呼んで地面を調べてもらおうかしら。ひょっとしたら土の下に埋まっているのかも……」

そんなことを夫人は真顔でつぶやくのだった。そうねえ、と鹿島さんは相槌を打ったが、何も異常を感じない彼女にはそれ以上言えるはずもなかった。

その日あたりを境にして近所で噂が立った。他でもないS夫人のことだ。ほとんど一日中、自宅の玄関先にぼうと立っている。生気というものがなく、まるで——幽霊みたいに。両手には大きなスプレー缶を握りしめ、時折、何かに憑かれたみたいに玄関のまわりを噴霧するというのだ。しかもおそろしい形相で。

さらに隣近所の人間がS邸の前を通りかかると。誰彼かまわず飛び出してきて腕をつかみ、〝腐臭〟のことを執拗に訴えるのだという。宅配や郵便配達の人間にまで。

鹿島さんは散歩のコースを変更した。S夫人のことは、それまでのつきあいもあって気にはなったが……噂がほんとうならば会いたくなかったのだ。

S夫人と最後の会話をしてからひと月ほどたったある日、鹿島さんの自宅のドアホンが鳴った。相手は他でもないS夫人であった。

「お忙しいところ、ごめんなさい。ちょっと出てきてくれませんか？　確かめてほしいことがあるんです」

「確かめるって――何を？」

「私の……家のなかを」

ドアホン越しに聞こえてくるS夫人の声の調子は、ふつうに思えた。もっとも噂が頭をかすめた鹿島さんにとっては、その頼みごと自体があまりふつうに思えなかった。彼女はもちろん断ることもできたのだが、もしそうすれば後々トラブルの種になるようにも思った。結局、鹿島さんは外に出ざるをえなかった。

門柱の陰にS夫人がいた。その顔は予想に反して〝笑顔〟であった。

「確かめるって――ひょっとして、この前言っていた臭いのこと？」

おそるおそるたずねる鹿島さんに、夫人は〝笑顔〟で言う。

「とにかく、来ていただけませんか？」

二人はS邸の門を通り階段をのぼり、玄関から屋内に入った。鹿島さんが驚いたのは、まず、そこに林立する消臭グッズの数だった。様々な種類が、ところせましと並んでいる。それに芳香剤もだ！　高級品から百均ショップで扱っているものまで。無数の芳香剤が玄関から暗い廊下の先に向かって、数え切れないほど……。人工の〝匂い〟が複雑濃厚にまざりあった屋内は、息をするのも苦しいくらいだ。

「Sさん、これって……」

「みんなね。私の気のせいだって言うんですよ」

S夫人は〝笑顔〟だ。

「気――私の気が、どうかしてるって思ってるんですよね。私がありもしない臭いで騒ぎたてているって。わかりますよ。それくらい。バカじゃないから、私。夫だって、そう。あの人ちっとも信じてくれないの。でもね鹿島さん」

夫人は、これ以上はないくらいの〝笑顔〟で鹿島さんの顔をのぞきこむ。

「鹿島さんなら、正直に判断してくれますよね。私がおかしいか、おかしくないかを。ここに越してきて一番最初のお友達なんだもの。ほらほらほら。こんなに。こおんなにたくさん、いろいろなものを置いても。まだ――臭いますよねえ」

「…………」

「アレ、とうとう家のなかにまで入ってきちゃったんですよ。門から階段をあがって。玄関先から今では家のなか。そうよ。廊下もリビングも。私たちの寝室だって。家のなかはメチャメチャだわ。誰だか知らないけれど、ひどいことをしやがって。ゆるさない。あんな反吐みたいな臭いを撒きちらしやがって……」

およそ高級住宅地に住む夫人の口からとは思えない言葉が出てくる。

「家のなかをかってに、うろつきやがって。幽霊みたいに。天井に潜んでいるのか、壁のなかにいるのか。人様の家をなんだと思ってるんだ。……ねえ、鹿島さん。こういうの最近の言葉で、なんとかって言うんでしょ。なのに、みんなみんなグルになって。私をバカにして。のけものにして信じようとしない。私がここでは新参だから。私は被害者なの。なんて連中だろう。でも鹿島さん、あなたは連中とは違うわよね。この臭い。今も、これだけいろんなものを並べても消えやしない。鼻を突く……臭いが……わかるわよね？」

〝笑顔〟がこわい。おそろしい。鹿島さんはうなずいた。何度も。何度も何度も何度も何度も。

……S夫妻は引っ越したということになってはいる。が、少なくとも夫人の方は、ある施設にいるらしい――これも〝噂〟だ。S邸には「売物件」のプレートがつけられた。何が引き金だったか不明だがS夫人は極度の被害妄想に陥って、手のつけられない問題行動を起こすようになった――近所の人々の見解はおそらく、そんなところであろう。けれども鹿島さんは、S夫人に〝笑顔〟でたずねられた際。強烈な芳香剤の洪水のなかに、たしかに別の何かがまじっている。そう感じたのだった。
かつては生き物だったモノが、溶け崩れてゆくときに放つ腐敗臭を。
あれは幻覚のたぐい——幻の臭いだった。鹿島さんは、そう自分に断じきれない。

引き出しの怪　①オフィスの机

ガシャーン！

都内のA区にあるオフィスのなかで、その音は突然響いた。

PCの画面に見入っていた勝野さんは、思わず顔をあげる。

彼が働いている会社は、中小企業の〝小〟の方だ。昼下がりのその時刻、ほとんどの人間が外回りに出ている。オフィスには勝野さんの背後の窓際の席に上司が座っている以外、数名が残っているだけ。その〝音〟は勝野さんの正面に座るTの席から聞こえたのだった。

「どうした？　今のは何の音だ？」

「引き出しが……」

「何？」

「引き出しが……飛び出した」

勝野さんは、その言葉の意味をとらえかねてTの顔を見た。Tは同時期に途中入社した、勝野さんと同じくらいの30歳前後の無個性な男だった。友人とは言えないまでも社内では親しい方かもしれない。が、その時のTは、それまで勝野さんが見たこともないような複雑な表情をしていた。

「引き出しが飛び出したって言ったか」

「ああ」

「ズボンか何かに、引き出しの角でも引っかかったのか？」

「ちがう。勝手に——いきなり飛び出してきたんだ。いったい何なんだ？　コレは……」

Tは冗談を言っているようには見えない。そもそも、そんな冗談や悪ふざけを勤務中にするようなキャラクターではない。勝野さんはちら、と後ろにいる上司の方をうかがった。当然というべきか、上司はこちらを見て何か言いたそうな顔をしている。Tに視線を戻すと何か、ぶつぶつ言いながら引き出しを開けたり閉めたりを繰り返している。

……ガシャ～～～ん！

それからである。しばしばオフィスで〝異音〟が響くようになったのは。

〝異音〟の元はTのいる机だ。正確には、その右側に三段ある内の、中段の引き出しだ。何のへんてつもない仕事机の、何のへんてつもない引き出し。それが何の前触れもなく唐突に飛び出してくる。Tはいつもそう主張したらしい。というのも〝異音〟は唐突に響いて、まわりにいる人間の注目を集めるのだが——その瞬間を見たのはT以外にはいなかった。

道路際や線路沿いにある住宅などでは、車両が通過する際の振動で揺れを感じる場合がある。振動の大きさによっては、家具等に影響が出ることだってあるだろう。けれども、引き出しが飛び出すほどなら、それはもう大きな地震規模である。

もとよりそんな振動は誰もオフィス内で感じていない。そばにある道路からの振動など微々たるものだ。勝手に飛び出す引き出しなどありえない。もし、そんなことを主張し続けるとしたら、その人間の方が尋常一様ではない。

当初はやんわりと注意していた上司の態度も、次第に厳しくなった。同僚たちも、Tと距離を置くようになってゆく。

前述したとおりTは、無個性で表情も表現力もとぼしかったが、皮肉なことに、オフィスで最も目立つようになっていった。

引き出しの一つが勝手に飛び出してくるという異常事態——それがほんとうならばだが——を薄気味悪く思っているというより、不足不満を抱いているという印象だった。自分の主張が、周囲に受け入れられないことへの憤懣《ふんまん》を。

そんなTに対して、それまでいくらか親しかった勝野さんはどう接していいかわからない。彼もまた〝異音〟は、Tの自作自演だと思っていたから。

（あいつ。どういうつもりだ。あんな子供じみたことをするヤツじゃなかったはずだが。自分で力まかせに引き出しを出して、大きな音をたてて周囲の注目を集めている？　そんな幼稚な真似、この頃は小学生だってやらないぞ。ぜんたい、どうしちまったんだ。あいつ、ほんとうに、どこか壊れてるんじゃないのか）

……ある朝。勝野さんが出社するとTの姿はオフィスになかった。次の日も、その次の日も。上司は病気療養で休職している——と部下たちに説明した。

（なるようになってしまったな）

勝野さんはある意味納得しつつも、その一方で、ふに落ちないこともあった。

上司が業者を呼んでTの机を運び出させたのだ。どうも処分するらしい。めったにオフィスに出てこない役員も立ちあっていて時折ひそひそと話をしている。彼らの顔——とりわけ上司のそれは青かった。

Tが真実、異常な言動で休職に追い込まれたとしても、だからといってその席にあった机そのものをも処分したりするものだろうか。いくらTが机の異常性を訴え続けていたとしても、社の備品である。もちろん予備の机など用意されてはいない。Tの席のあったところは、ぽっかりとうつろな空間になってしまった。

後日、勝野さんはTに連絡を試みた。多少、親しかったとはいえ友人ではない。そのまま放っておいてもよかったのだが——彼の内面の何かが、そうさせた。社の人間は基本ケータイで連絡可能になっている。私事でも連絡はできる。もちろん相手が着信拒否しなければの話だ。

かかるかどうか怪しかったが、意外なことに一度で応じてきた。ただ、その声はひび割れていた。

Tによれば。社に姿を見せなくなる前日。遅くまで残業することになったそうだ。上司も先に引き上げて、オフィスのなかには彼一人きりだった。もう戻ってくる外回りの同僚もいない……。

Tは怒っていた。自分に不審の目を向けてくる同僚たち。叱責を繰り返す上司。皆、自分を変だと思っている。幼稚な悪戯を、イイ大人が執拗に繰り返している。すなわち正常ではなくなっている——と。

（畜生、引き出しが勝手に飛び出してくるのは、まぎれもない事実なんだぞ。いつもいつもなぜか他の誰も見ていないタイミングで飛び出してくる。スプリングがあるわけでもなし、ただの机に過ぎない。自分でも何が何だかわからない。が、ほんとうのほんとうなんだ。それを、どいつもこいつも疑いやがって。異常者に、したてあげやがって）

ひょっとしたら？　この机には何かの因縁でもあるのだろうか。この机。あるいはオフィスそのものに自分の知りえない何かがあるとでも？

Tは、気味がよくない以上に腹立たしかった。

（なぜ、自分がこんなめに遭わなくちゃいけないんだ）

ガン！

Tはまるで子供みたいに机を蹴る。

ガン！　ガン！　ガン！　ガンッ！

無人のオフィスで何度も。何度も。何度も。

…………がっしゃ～～～～んんんん!!

今までにない、すさまじい勢いで中段の引き出しが飛び出てきたのは、その時だった。あまりの勢いに、引き出しがレールから外れて机本体から落ちなかったのが不思議なくらいだ。

Tもさすがに驚いた。だが、それ以上に頭に血がのぼる。およそ〝ありえない異常〟を、まのあたりにしているというよりも。何者かに嘲弄されているように思ったから。彼は思わず、机の上のコーヒーがほんの少し残っている大きなマグカップを手にしていた。開いた引き出しに叩きつけて、ほんとうに床に落としてやろう身構えた。けれど。

持ち上がった手は、そこでとまってしまう。

これまで——あたりまえだが——開いた引き出しは、ただの引き出しにすぎなかった。中段の引き出しの中には、仕事上の消耗品などが収まっているにすぎない。それ以上でも以下でもない。勝手に飛び出してくる。その一点をのぞけば、その引き出しは何のへんてつもなかったのだ。これまでは。

だが、その時は違った。否。違いすぎた。引き出しのなかに、あるはずの見慣れたものは一つも見当たらない。そのかわり別のモノで、その引き出しはみっしりと満たされていた。

(ありえない)

〝それ〟は、へし折られて、ぎゅうぎゅう詰めに引き出しのなかに入っていた。

(ありえない)

Tがそう思うのは当然だ。引き出しは長さ30センチ、深さも10数センチほど。幅は……いや、どれだけあったとしても〝それ〟がおさまるはずもない。絶対にない。子供だって瞬時にわかる計算だ。にもかかわらず、〝それ〟は引き出しのなかに入っていた。

顔面――が、歯がまったくない昏《くら》い口腔を、ぽっかりと開けて。何ごとかをTに囁きかけてきた。

「ほんとうだ。信じる信じないは勝手だがな。でも、ほんとうにほんとうなんだ」

「何を言ってたのかはわからなかった。聞き取れなくて――よかった。ああ。それだけが救いだったな」

ケータイの向こうで抑揚なく言うTの声は、さらにさらにひび割れていって、それこそ容易に聞き取れない……。

Tの机の処分後、上司の顔色がいよいよ青くなってゆく。そうして神経症的な頻度で、チラチラと視線を自分の机の引き出しのあたりに向ける姿が見られるようになった。その必要もないのに引き出しの開け閉めをひんぱんに繰り返したりもしている。その様は、かつてのTの姿を思いおこさせる。Tが抜けた穴を埋めるため上司もまた独りで残業する機会が多くなっていた。

（Tの机を処分する前に上司もまた何か——見たんじゃあないか？　いや、だからこそ、Tの机を処分せずにいられなかった？）

勝野さんはそんなことも思ったのだが、上司にたずねることはなかった。

彼は今、別の職場で働いている。Tとはあれ以降、連絡をとっていない。病気療養から復帰したかどうかわからない。まして元の勤め先の上司がどうしているかとか。その勤め先に人を壊しうる、いわくの類が潜み棲んでいたかどうか——まったく知らないし、あえて知ろうという気もない。

引き出しの怪　②オバケヤシキ

酒井さんが、まだ小学校の低学年だったときの出来事である。彼は当時、大阪の市内某区で過していた。バブル期に入る前で……下町の風情がそこかしこに残っていた。

どこの町にも一軒くらいは、〝オバケヤシキ〟と呼ばれる廃屋や空き家のたぐいがあるものだ。酒井さんのいた町にもやはり〝オバケヤシキ〟があった。

相当傷んだ板塀に囲まれた古い木造の家で、かなり大きかった。住人がいなくなってからかなりの年数を経ていたようだ。大人のなかにはその家を「××（元の持ち主の名であろう）の家」と呼ぶ人間もいたけれど、酒井さんたち子供のあいだでは、単純明快に〝オバケヤシキ〟で通っていた。

噂はいろいろあった。その家の道路に面した窓は、何者かの投石によってガラスがほとんど残っていなかった。そもそも窓の数は多くない家であった。その数少ない窓のずっと向こうで、ぼんやりとした灯がついていたとか、黒い影が動きまわっていたとか。まあ、このテの廃屋にはつきものと言っていい、ありきたりの噂だ。

「あっこ（あそこ）はな。火事になったんやで。そンでな（それで）オバケヤシキになったんや！」

などと、わけしり顔で言う年長の子供もいた。けれども外観を見るかぎりでは、どこにも焼けた痕跡などは見当たらない。周囲の大人たちも何も教えてはくれない……。

ある夏の暮れどき。酒井さんは一人でそこを探検した。どうしてそんな気になったものか。遊び仲間の誰もそのなかに入った者はいなかったから、単純に自分の度胸自慢をしたかった——そうだったのかもしれない。

〝オバケヤシキ〟の周囲の板塀は傷みきっていて、いたるところ倒れたりしていたから敷地内に入るのはぞうさもなかった。だが、ガラスが砕けている窓から屋内への侵入は危険だ。玄関には斜めに大きな板が何枚も打ちつけられていたけれど、勝手口らしい戸の一つが軋みながらも開いた。酒井さんはそこから屋内にしのびこんだ。

電気などきているはずもなく、なかは当然暗かった。酒井さんは、自宅から大きな懐中電灯を持参していた。かつては台所であったらしいそこは、照らした光でうかがってみても何もない。汚らしいシミが浮き出た壁と天井。それから板の間が見えるだけだ。埃だらけだという先入観があったが、埃はたいして積もっていなかった。足跡のたぐいも見てとれない。

無人になって板塀が朽ちるほどの年数が経過しているのなら。酒井さんのように遊び半分で侵入した者の足跡が、そこかしこに残っていてもおかしくないはずなのだが。彼は、土足のまま板の間にあがって家の奥に進んでみる。

台所を抜けると意外な光景が待っていた。酒井さんは子供心に――いや子供だからこそ――〝オバケヤシキ〟の中は迷路のようになっているにちがいないと思っていた。しかし……。

そこは間仕切りのたぐいが、ほぼなかった。さすがに太い柱は林立している。だが襖や障子、引き戸のたぐいは取り除けられていて。懐中電灯の照らす先には、汚らしい畳を遺し――がらんとした何十畳もの空間が広がっているだけ。そこはまるで何かの道場のように家具はもちろん、がらくたの類も見当たらないのだった。

いや、ちがう。何か――ある。酒井さんが立っているところとは、ちょうど反対側の壁の隅に何かが。彼は空虚で暗い広間を横切った。そこにあったのは……大きな仏壇だ。およそ見たことがないほど大きい。扉は閉められていて、下の方には幾つかの〝引き出し〟が見てとれた。それまでは、探検の高揚感で感じなかったが、そこで初めて薄気味のわるさを彼は感じた。

なぜか？　まず仏壇の周囲の壁には何かが貼られていた。

（何だろう？）

紙だ。電灯の光のその先に、短冊みたいな形の紙がうかびあがる。

（おふだ？）

その年齢の酒井さんにも、それが、御札――神札のたぐいであることはわかった。しかも一枚ではない。何枚も何十枚も、いやいや数えきれないほど、べたべたと貼られている。重なりあい連なったそれは天井にまで及んでいるのだった。

尋常一様ではない。いや、誰が見ても異常異様な数だ……。

（おふだって……悪いことがあったときに。よくなるように、貼るんだよね）

この家に住んでいた住人が貼ったのだろうか？　それも神棚ではなく仏壇の周囲に？しかも一枚や二枚でなく、これほどまでに貼らなければならなかった理由とはなんだったのか？

懐中電灯の光を天井に移すと、雨漏りのシミだろうか？　天井の一部が真っ黒になっている。

（ちがう、そうじゃない。水でできたシミなんかじゃない）

酒井さんには、それが焼け焦げに思えた。さらに天井のその部分の真下。ちょうど仏壇の正面に位置する畳の上も一面が真っ黒だった。暗くて気がつかなかったが数枚分の畳が焼け焦げてなくなり、その部分の床板は抜けて……ぽっかりと黒い床下が、落とし穴のように口をあけている。かすかに焦げくさい臭いまでする。

（××ちゃんが言っていた火事って、このことだろうか。ここで何か火が出るようなことがあったんだろうか？）

それにしても、この燃えかたは変だ。まるで、ここでだけ、ものすごい火柱があがったような？　そんな火事があるのだろうか。仏壇のなかの蝋燭《ろうそく》が倒れたのなら燃えるのは仏壇の方だろう。それなのに見たところ火の気がないはずの畳の方が抜けてしまっている。それに仮に火事だったとしても火が回る前に消しとめた——だからこそ他の部分は無事なのだろう。だったら、きれいに修理したらいいのではないのか？　この家は火事が起こって住めなくなり、住人が出ていって空き家になった？　その順番はおかしいんじゃないか？　それにこのたくさんの御札は、いったいぜんたい何のために……？

酒井さんはそこまで順序だてて考えたわけではない。とはいえ子供心に不整合を感じていたのは間違いなかった。

かたっ。

カタカタカタカタ……………！

酒井さんは、びくっとした。反射的に音が聞こえる方向に懐中電灯を向ける。音は大きな仏壇から発していた。より正確には、その仏壇の下にある三つの横並び引き出しから。それぞれが細かく震えるように動いていた。

カタカタカタ……カタカタカタ…………！

(虫でもいるの？　でも虫じゃ引き出しは動かせない。ネズミだろうか？　どうしよう)

外は暗くなりつつあるに違いない。そろそろ帰らないと親も心配するだろう。友達の家に行くと、ウソを言って出てきたのだから連絡をとっているかもしれない。怒られるかもしれない。もう十分探検はした。自分が見聞きしたことを友達に吹聴するには十分だ。

(引き返した方がいい。そうした方が)

鬼魅《きみ》の悪さが、ふくらみつつあった。まわりの闇が——こわい。それでも酒井さんは慎重に、床板の抜けている部分を避けて仏壇に近づいていた。そうして自分でも、なぜそうするのかわからないうちに引き出しに手をのばす。一番左の引き出しに。

カタ………。

酒井さんが、取っ手をつかんだとたん音はとまった。彼は思いきって、それを引く。かなり大きな引き出しだったが、スッと手ごたえもなく出てきて――なかには、何もない。からっぽであった。

(なあんだ。何もいないじゃあないか!)

酒井さんは、ほっとした。ネズミであれ何であれ、そこに何かがあったら、きっと逃げてしまっただろう。隣の引き出しも同じだった。最後の右端の引き出しも、きっと空にちがいない……。

ぐわっ。

最後の引き出しを前に引いたとたん、酒井さんは後ろにのけぞっていた。背後に口をあけた床の穴に落ちなかったのは偶然にすぎない。

引き出しから飛び出してきたのは真っ黒な棒のような〝モノ〟だった。

(ヒッ!!)

飛び出してきた〝モノ〟は、硬直して動けない酒井さんの右肩をつかんだ。彼の手からはなれた懐中電灯が最後に照らしたのは、黒い棒の先の〝指〟であった。それは、ぼろり。ぼろり、と、もげて。芋虫みたいに落ちてゆく……。

そこで酒井さんの意識は途切れたそうだ。

気がついたとき、酒井さんは自宅で、心配顔の両親を前にして泣きじゃくっていた。どうやって〝オバケヤシキ〟を抜け出して自宅まで帰りついたのか、まったく記憶がない。誘拐でもされかけたのか、それとも変質者にでも遭ったのか。両親は彼を質問責めにしたけれど、筋道だったことは何も言えずじまい。日頃から噂の絶えない〝オバケヤシキ〟に探検に行ったことを言えば、怒られるくらいではすまない——そんな子供らしい計算もあったかもしれない。だが、そんな計算以前に彼自身、自分に何が起きたのか判然としなかった。

酒井さんの服は煤《すす》だらけだった。衣服には、なんとも言えない焦げ臭い悪臭がこびりついていた。傷らしい傷こそ体になかったが、その右肩には赤いアザがはっきり残っていた。それが仮に何者かが乱暴につかんだ跡だとしたら——その手には指が何本も欠けているとしか思えないのだった……。

父親の仕事の都合で酒井さん一家はそれからまもなく引っ越したそうだ。幼少期を過ごした下町は、まもなくバブル期の地価狂乱に呑みこまれて事実上、消滅した。あの〝オバケヤシキ〃も例外では、ない。

酒井さんの両親は彼が成人した後、相次いで他界してしまった。だから、〃オバケヤシキ〃に関することを、両親に改めて問いただすことはできない。

あそこで実際、何があったのか。〃オバケヤシキ〃と呼ばれるまで、どんな住人が暮らして、そして去らざるをえなかったのか。火事と言われていた、その端緒は？　たとえば住人の誰かの焼身自殺の可能性はないのか？　だとしたら、その動機は？　あの天井と床の無惨な痕跡。無数の御札。ただ一つ遺されていた大きな仏壇……。

自分の体験はどこからどこまでが現実であったものか。あるいは全てが白昼夢のたぐいだったのか。幼少期も現在も酒井さんには判然としない。

深夜のコンビニにて

　ひゃあああ〜〜ッ！

　その店員は突然、奇声をあげた。

　……早野氏は慣れない在宅勤務で疲れていた。私事と仕事の配分というものが、どうにもうまくいかない。仮眠を繰り返しているうちに、どうにも眠れなくなって生活は昼夜逆転に近くなってくる。その夜も日がかわって数時間たってから気分転換したくなり、アパートを出た。小腹も空いている。彼は至近の駅の方向に向かった。郊外線の小さな駅だ。この時間にやっている店舗は、ほぼないのだけれど。彼が住んでいるアパートと駅の中間あたりに最近、コンビニができたことは知っている。ずっと更地だった場所だ。駅前の方が集客に向いていると思うのだが――コンビニ側の都合がいろいろあるのだろう……。

　眠っている住宅街の一角が、そこだけ、〝ぼおっ〟と浮かびあがっている。

　三大コンビニのどれでもない名称だった。どこもそうだが道路に面した大きなガラス越しに、店内がうかがえる。夜間シフトの店員が一人、レジカウンターの向こうに立っているのが見える。

電子音とともに店内に入った早野氏に、店員は反応しない。顔を向けようともしない。深夜とはいえ、「いらっしゃいませ」くらいは、どんな不愛想な店員でもマニュアル対応するものだ。しかし店員は機嫌のわるそうな表情で、無言で前を向いたまま……。

（まあ、いいけどさ）

これまで仕事でも様々な人間を相手にしてきた早野氏は、さほど気にしなかった。しても仕方がない。店内には他に客の姿は見あたらない。

（駐車中の車両もなかったから、客は自分だけなのだろう）

早野氏はカゴを手にとって、必要なものを棚からチョイスして入れてゆく。その間、何度かレジカウンターの方を見たが、一人きりの店員は最初に見たとおりの場所に、最初見たとおりの様子で立っている。20代だろうか。ほっそりした男性店員だが、ほとんど棒立ち状態だ。前を向き一点を見つめたまま、時折低い声で何かつぶやいているようだが——聞き取れない。

（変な店員だな。まさかコンビニテロなんかをやらかす、自爆系ナントカじゃないだろうな？　一人だけのようだが。奥のスペースで他の店員が仮眠してはいないのか？）

早野氏は時折スポーツ選手に間違われるほどの体格であった。腕っぷしにも、自信があった。万一おかしなヤツと格闘になっても、取り押さえられる自信も。むろん世の中には最初から理由らしい理由皆無で、刃物をふりまわすやからも確実にいる。過剰な自信は禁物なのだが。

「清算を」

早野氏がカゴをカウンターに置いても、あんのじょうと言うべきだろうか。相手は、またしても反応しない。早野氏の顔を見ようともしない。虚空の一点をにらみつけている。不機嫌な——ただ、もう不機嫌な表情。

(レジ横の、おでんセットも買いたかったんだが…こいつは無理かな?)

「あのね。清算したいんだけれどね」

「もしもーし」

「聞こえないのか?」

数度の呼びかけにも、店員の無反応は変わらない。

(おでんどころか清算自体、無理じゃないのか)

いや。完全に無反応ではなかった。その口から文句が漏れてくる。

「……いいかげんに、しろよ」

早野氏は、その言葉にイラッとした。無理もない。それは彼の方が言いたいことであったから。思わず手が出て若い店員の肩のあたりにのびる。昨今はこういう場合、手を出した方がアウトだ。そうなのだが。

「ふざけるなよ。今、なんて言った？　いいかげんにしろだと？　それは、こっちの――」

早野氏の指先が触れたか触れないか。店員が奇声をあげたのは、その時であった。初めて、店員の視線が早野氏のそれと合った。

「えっ。えっ！　男――今の男は？」

一瞬前まで不機嫌を絵に描いたようであった店員が、信じられないという表情に変わって眼前の早野氏を凝視する。彼の存在を今、初めて知った。認識した。そんな感じだ。変ではあるけれど演技や、ふざけているようには思えない。

「今の男？」

「たった今まで、ここに――ここにいたでしょ？　その、貴方の立ってるところに。へ、変なヤツが」

「変なヤツだって？」

（変なのはお前だろう）

そう思う早野氏をよそに店員は、きょろきょろと周囲を見回している。ご丁寧に背後まで確認しているが、そこには陳列棚があるだけだ。

「……何十分もお客さんが来ないから気がゆるんじゃって。それで、ぼおっとしていたら」

まだ、あちこちを見ながら問われてもいないのに店員は言う。言わずにいられないらしい。不機嫌で血がのぼっていたらしいその顔から、血の気が引き始めている。

「いつのまにか男が一人、僕の前に立っていて。最初はお客だと思って。でも、そいつ、なぜか両手の手のひらを広げて自分の顔を隠してるんです。それも上半分だけ。こんなふうに」

店員はそのかっこうとやらを再現してみせる。滑稽だ。滑稽ではあるが――しかし。

「口だけ見えるんですよ。でも、なんにもしゃべらない。こっちが『何かお探しですか』『何か、おっしゃってくれませんか？』とかたずねても、一言も言いやしない。ただ嗤《わら》ってるんですよ。口の形で、わかりますよね。僕を嘲笑ってた。僕も人間だしムカつきましたよ。そうでしょ？　いや、たんなる変人とかじゃなくてコンビニ強盗の可能性だってあるんだけど。そんなの関係なくムカついて、何度も言いました。『からかってるんですか』

『用がないなら出ていってくれませんか』って。何度も何度も」

（さっきからブツブツ言ってたのは、それか）

早野氏は、ちらと思う。

「それでもカウンター前から離れようとしない。うす鬼魅悪く嗤い続けてる。だから言ったんですよ。『いいかげんにしろよ』って。そうしたら、あいつの腕がのびてきた。肩をつかまれそうになって。……あれ。おかしいな。あいつ、両手で顔を覆い続けてたのに。腕をのばせるはずないのに」

「肩をつかもうとしたのは俺だよ。さっきから何度も呼んだのに返事をしないから。それにだ。俺は10分くらい前から店内にいたけど、その間、あんたは一人でしゃべってたぜ。店内に俺以外の客なんて誰もいやしない。誰も、な」

「……ウソでしょ？」

早野氏はリアリストだった。おかしな連中はもちろん好きではなかったし、かかわりあいになりたくもなかった。第一このコンビニを訪れた目的は壊れた店員と会話することなどではもちろんなくて、空いた小腹をなだめる――ただ、それだけなのだ。

（もっとも、この調子じゃレジ横のおでんは絶望的だな。何を容器に仕込まれるかわかっ

たものじゃない）

「これ、清算してもらえるかい？」

「……はい」

店員は、虚脱した顔で読み取り端末を操作する。その手が、こまかく震えている。

「ありがとうございました……」

かぼそい声を背後に聞きながら早野氏は店外に出た。闇のなかで背後に響く自動ドアの電子音だけが明るい。歩いて彼はふと振り返る。理由などなかったが。

ガラス越しに、あの店員が見えた。

外に出た早野氏ではなく再び虚空の一点を見ている。ただ、さきほどと異なるのは目を見開き口を大きく開けている。信じられないほど大きく。あたかも絶叫しているかのように。

……早野氏はリアリストだ。おかしな連中とはかかわりあいに、なりたくない。深夜の怪談もいただけない。けれど。

（あの時もしも、コンビニ内に引き返していたなら？　あるいは自分も何かを目の当たりにしたのだろうか？）

帰宅後も——今現在も。早野氏はきれいさっぱり〝あの夜のできごと〟を忘れ去ることができない。

喫茶店妖談

①そこにない席が呼ぶ

　フリーのライターである河野さんは、地元（首都圏某郊外市）の大型スーパーマーケットで買い物中。知り合いがイートインコーナーにいることに気がついた。

　町内で親しい一家の娘さんだ。しかし彼女は同じスーパーの駐車場の一角にある、中規模の喫茶店に勤めていたはず。今日は休みなのだろうか？　河野さんは、どこかうつろな表情でドリンクを手に持っている彼女に声をかけたのだが。

「私、あそこを辞めようと思うんです。今でも休職扱いなんですけれど」

　仮にK子さんとしておこう。彼女は短い挨拶の後、疲れた声で河野さんにそう言うのだ。河野さんが知っている彼女は真面目で、責任感の強い娘さんだった。勤め先でトラブルでもあったのだろうか？

「怖くって……あそこ。もう耐えられなくなっちゃって」

　怖い？　店が？　うなずいたK子さんは、ぽつりぽつりと話す。それは、なんとも〝不可解〟なことから始まったらしい。

G――というその喫茶店は一年ほど前に開店した。スーパー側に何らかの意図があったのか、駐車場の一角を再工事する形でつくられた。なかなか広い店内はシックな雰囲気でメニューも手ごろな価格。主にスーパーの買い物帰りの主婦層が利用する――河野さんはそう思っていたし実際、開店以来そうだったようだ。彼自身はおしゃべりに興じる女性たちのなかで、PCを持ち込んでの仕事や考え事はできないと思って結局、その喫茶店には一度も足を向けていなかった。

K子さんは開店時に募集されたスタッフとして採用された。当初は付近に、同規模の喫茶店がなかったこともあって順調だった。順調に思えたのだけれど――〝それ〟は、まず掲示板から始まったのだという。

喫茶店ではお客が来店すると人数を確認した上で、スタッフが席まで誘導することが多い。限られた席をふりわけて有効に活用するためだ。だがGでは朝や昼の繁忙時間以外は基本、客に好きな席を自由に選んでもらう方式だった。一人で来店してもお客は、カウンター席ではなく二人掛けや四人掛けの席を、ゆったりと使うことができる。人気の一つはこの方式であったろう。さすがに四人以上用の卓は、〝お一人様お断り〟の貼り紙があったけれど。

それぞれの卓には半球型のボタンがある。注文を決めた客がそれを押せば、無線でカウンターの上にある掲示板に卓の番号が、電子音とともにデジタル表示される。

スタッフの手間をはぶくための工夫で、珍しいものではない。だが、この掲示板に時折「18」という数字が浮かびあがる。それだけならば、ごくふつうだ。ただ掲示板を見たスタッフがその卓に行っても、ほとんどの場合、誰もそこにいない——。

……無人の卓のボタンが勝手に信号を送ってくる？　そんなことは、ありえない。ありうるとすれば機器の不具合、そうとしか考えられない。Gの店長もスタッフたちも、そう思った。だから業者を呼んだ。だが機器は正常だという。にもかかわらず掲示板にはその後も「18」の数字が浮かびあがるのだ……。

ぽろん、という短い電子音を伴って。

無人を確認したスタッフが引き返しても、まるで来店した客が応対を急かすみたいに二度三度、連続して浮かぶこともあったという。

K子さんは、ここにいたって少しうす鬼魅悪く思うようになっていた。機械の不調では片づけられないような気がした。いや、その道のプロが、すでに機械の不調・不都合ではないと判断している。だとしたら？　……ここまでは不可解ではあっても、無害ではあった。それが、やがて。

がちゃん！

カウンターのなかで食器洗いに従事していたスタッフが、食器を落として破損することが多くなっていった。

ぱりィィイん！

ガラスが砕ける音も甲高く響く。店内のお客たちはそのたびに驚いてカウンターの方を向いた。チーフ格がそのたびに「失礼いたしました」と大声で叫ぶ。スタッフにはバイトもいたけれど、それなりの研修を経ていた。もちろん人間は失敗をする生き物だ。十二分に注意していても皿やコップを落として割ることだってある。とはいえGにおけるその頻度は、K子さんから見ても度を越していた。

粗相をするスタッフたちには共通点があった。彼らは一様に青ざめて棒立ちになっている。粗相をしたから？　チーフ格に叱責されたから？

ちがう。食器を持つ手をすべらせて、それを壊してしまった自責の念からそうなってしまったのではない。青ざめ棒立ちになるような〝何か〟を見てしまった。何度かその瞬間に近いタイミングで、K子さんが目撃した印象はそうだった。みんな一様に下の方をじっと見つめていた。口が半開きになっている者。目のまわりの筋肉が、ぴくぴくぴくぴく痙攣みたいに動いている者……。ひどいショックを受けたようにしか思えない。

けれどもK子さんには何も見てとれない。下にはタイル貼りの床がある。そこには何も——ない。何もないのだけれど。

たったひとつの共通点は食器の破損音が響きわたるときにはいつも、掲示板に「18」の数字が浮かびあがっているのだ。その時点でK子さんは単なる不可解を越えた怖さを感じ始めていた。

掲示板に信号を送る〝18番卓〟のボタンは、たびかさなる幻の呼び出しに業を煮やした店長によって、すでに撤去されていた。その席自体も貼り紙をし、使用できないようにしていた。つまり店内にはすでに〝18番卓〟は存在しない卓なのだ。それなのに——数字は変わらず浮かびあがる!

わけが、わからない。

……食器類を落として非常なショック状態に陥った者のうち数人は、翌日から店に来なくなってしまった。他の者も数日から一週間程度で辞めてしまう。そうして誰も辞める理由を、頑ななまでに言おうとしない。適当な理由すらつくろうとせず、口をつぐんで出勤しなくなるのだ。

（いや……もしかしたら。言わないんじゃなくて言えないんじゃないか。辞める原因が何か見たとか遭った——ことだったとしても。それが〝言葉には、とうていできないモノ〟だったとしたら？　でも、そんなことがあるものだろうか……？）

バイトも含めてスタッフは頻繁に募集されるようになった。採用もまた頻繁に繰り返される。だがしかし。

Ｋ子さんの思いをよそに喫茶店Ｇは、現実的な問題にさらされていた。店長は深刻な顔で考えこむようになった。チーフ格のスタッフもだ。チーフ格ですら一人はすでに辞めていた。業務に支障が出始める。一度などは研修期間が始まったその日に控室から飛び出して、お客のいる前でヒステリックに泣き出した、新人の女の子すらいた。店長たちがなだめて事務室に連れていったけれど、彼女は二度と店にやってこなかった。

Ｇの店内は、あいかわらずシックな雰囲気で落ち着いている。見たところ怪しいところなど何ひとつない。掲示板に表示されるはずもない卓番号が時折、浮かびあがる以外は。

それはスタッフにしかわからないことではあったけれど彼らは皆、一様に身構えるようにして働いた。何に対して身構えているのか。はたして、そうしていれば安全といえるのか。誰にもわからなかった。

お客も店側の、ぴりぴりとした空気を敏感に肌で感じたのだろう。好立地条件にもかかわらず来客数は、じんわり減ってゆく。それがGの約ひと月前の状況であった。

けれども（店長やチーフ格をのぞけば）もっとも長く働いているかたちになっていたK子さんが、休職状態になってしまったきっかけは、そんな異様な雰囲気に耐えられなくなったからではないという。決定的なできことが、あったのだ。

その時点で〝元18番卓〟は店側の人間たちに、あたかも諸悪の元凶のように忌避されていた。といっても卓自体は、あたりまえの器物に過ぎない。どこからどう見ても他の卓と何ら変わりはない。「こちらの席は使用を控えてください」と目立つ貼り紙があるだけで、べつだん怪しい人影が見え隠れするとか座っているとかではない。だから、そこだけ放置してホコリまみれにするわけにはいかない。スタッフは他の卓同様、毎日、念入りに清拭し消毒するのが義務だった。K子さんも例外ではない。

そうして、その作業中に耳元でいきなり〝声〟が聞こえたのだという。男女どちらとも、わからない〝声〟が。

ふっ、と、吐息のようなものまで感じた。

「…………今のうちだよ」

はっ、としてK子さんは振り返った。誰も、いない。数の減った他のスタッフは皆、彼女から遠い場所にいる。皆、ただ黙々と働いている。

ぽろん。

お定まりの電子音が響く。掲示板に数字が浮かびあがる。18…………。

「私は次の日から、あそこに行けなくなりました。他の人たちみたいに。辞めるのなら今のうちだ。そう言われた気がして、どうしようもなくて。何に言われたのかもわからないというのにね」

自嘲気味に言ったK子さんは河野さんの顔ではなく、スーパーの出入り口の方を見遣った。巨大な遮光ガラスの向こうに、駐車場の一角にある建物がのぞめる……。

何が原因なのか。そもそも道理に基づく原因などあるのか。喫茶店Gはスーパーマーケットの駐車場の一角を利用して建てられた。いわくなどまったくない。店内で事故も犯罪も発生してなどいない。まして、問題の〝18番卓〟で誰かが発作等を起こして急死した――そんな事実は皆無だ。

K子さんが訴えるところの〝不可解事〟も、つきつめればやはり機器の不調やちょっとしたミスの連続に過ぎないとも考えられる。控室から突然、飛び出してきた新人も、もしかしたら精神的な病疾を内在していたのかもしれない。それを言うならK子さんが聞いたという〝声〟だって幻聴でないと誰が言えよう?

真実はともかく喫茶店Gはまだ、そのスーパーマーケットの傍らにあることは、ある。やはり遮光ガラスの窓の向こうは、うかがいづらい。なかで何が起こっているのか、いないのか。〝18番卓〟の様子はなおさら。

喫茶店妖談 ②店主敬白（ただし敬っているわけではない）

灰谷さんは、ある企業の営業マンであった。今でいうブラック企業だったようだが――彼がまだ若い頃の話である。

郊外に居住する顧客のもとを訪れるため、都内から在来線を乗りついで数時間。曇天の下、とある住宅地のなかを灰谷さんは重い鞄を携えて歩いていた。そこで彼は猛烈な便意に襲われた。〝出物腫れもの所嫌わず〟というヤツだ。場所が駅周辺やオフィス街ならば、まだよかった。が、周囲は、くたびれた住宅が続いているばかり。コンビニはおろか店舗らしい店舗などない。だからといって、その辺の民家でトイレを貸してもらえるとは思えない。悪徳訪問販売が問題になっていた時期なのだ。拒絶されるか無視されるのがオチだろう。彼は文字どおり青くなった。最悪の可能性が頭のなかをかすめる。もしも営業の途中で、そんなことになったら……。

さらに襲ってくる便意の波に必死で耐える灰谷さんの目に、一つの看板が映った。並んだ住宅のはざまの少し奥まった場所。

「喫茶　×××」

周囲の住宅同様くたびれた看板には、そう書いてあるではないか。地獄で仏という言葉が彼の脳裏に浮かんだ。こんな住宅街で営業がなりたつのか、あるいは廃業して久しいのではないか――そんな可能性を脇に押しのけて彼は、看板の下にある、閉まった木製の戸に向かって突進していた。

からん――戸につけられた鈴が揺れて音をたてた。少なくとも戸に鍵はかけられてはいなかった。

（たすかったか？）

いや、まだ――わからない。店内は狭く、暗かった。戸のすぐそばにはレジスペースがあるが、誰もいない。照明らしい照明も、ついてはいない。内部は椅子やテーブルが並んで喫茶店のように見えるけれど、客は誰もいない。戸の反対側には大きなくもりガラスがはめ込まれている。そこから入ってくる外からの光が照明がわりであった。

その、ガラスの前に唯一の人影がある。逆光状態でよくわからないけれど、どうやら男性のようだ。灰谷さんは、この店の主人だと思った。いや、そうでなくてもいいのだ。留守番でも何でも、誰だってかまわない。大事なのは、すぐさま〝手洗い使用の許可をもらう〟ことであったから。

「あ。すみません。いきなりですけどお腹の具合が悪くて。お手洗いを貸して頂けませんか？　使用料はお支払いしますので」

「…………………」

人影は何も答えない。身じろぎすらしない。

「あの――ここの、ご主人ですよね？」

「…………………」

無言。血相をかえて飛び込んできた、灰山さんを警戒しているのだろうか？　しかし、そんなことを言ってられない緊急事態の彼である。万一拒絶されたら万事休すだ。つちかったはずの営業テクニックなど、こんな状況では何の役にもたたない。

「あっ。あのですね」

すっと、人影の腕があがって一方の壁を指さした――ように見えた。なるほど、そこには〝お手洗い〟と書かれた小さなドアがある。

「すっ、すみませんッ」

許可がでた、と判断した灰山さんはそのドアに飛びついた。なりふりかまってはいられない。人間、排便欲求下では肉親の情も友情も存在しないと言ったのは、誰だったろうか？

ともあれドアの向こうは二畳ほどの空間になっていた。やはりくもりガラスがはめられていて、外の光が入ってきている。鏡と小さな陶器製の洗面台。木製の間仕切りで、さらに区切られたそのなかに便器があるようだ。ドアをあける暇もあらばこそ。彼は鞄と、慌ただしく脱いだ上着を片隅に放り投げていた。

……危機一髪だった。あぶら汗がこめかみを流れ落ちてゆく。

（ふう）

用をたして一息ついて。一度水を流した灰山さんは、すぐに立ち上がるようなことをしなかった。経験上〝第二波〟が、襲ってくるかもしれなかったから。

（ん？）

少し余裕を取り戻した灰山さんは、目の前の壁に〝貼り紙〟があることに気がついた。大きな貼り紙に——たぶん店主直筆なのだろう——マジックで注意書きのようなものが書き連ねられている。上から下まで、それこそ、びっしりとだ。

（何だ、これ？　客が使う際の注意書き？　どこにでも、このたぐいはあるが）
●トイレご使用の方へ

・勝手に便器の水が流れることがあります。気にしないでください
・トイレ内で物音がすることがありますが無視してください
・間仕切りのドアは必ず閉めてください。開け放したままでトイレの外に出ないでください。ついてくる場合があります
・洗面台ご使用中は個室内で気配がしても、けっしてドアを開けないでください。また、何かに呼ばれたような気がしても一切かまわないでください
・間仕切りの隙間から何か見えることがあっても無視してください。間違っても自分から中をのぞいたりしないでください
・ご自分以外の吐息、咳払い、声等々。お連れ様がいっしょの場合以外は無視してください…………

(はあ?)

灰谷さんは再度疑問符を頭のなかに浮かべる。トイレを使用する際の注意——にしては妙だ。というか支離滅裂としか言いようがない。最初の一行だけならば、なるほどそういうこともあるかもしれない。物音も配管のかげんか何かということもあるだろう。だが、それ以外は何なのか。

（気配がするだって？　それに吐息に咳払い？　〝ついてくる〟とは一体？）

……貼り紙の箇条書き（？）はこの調子で続いていて。一番下は次の文句で終わっているのだった。
・以上の注意を守れず何か不都合が生じた場合。当店は一切、責任を負いません。あしからずご了承ください。店主敬白
（何のジョークだ、これ？　ここの店主、いろいろな意味で大丈夫なのか？　客商売でこんな貼り紙を、客の目につくところに貼っているなんて。文面どおりに解釈するなら、まるでこのトイレに……）

何か――〝出る〟かのようだ。灰谷さんは、ぷっとふきだしかけた。

（何とかの怪談に出てくる花子さんじゃあるまいし）

灰谷さんがそう思うのは当然だったろう。店主がどういうつもりで、こんな貼り紙をしているのか。そんなことは彼にはどうでもいいことであった。第二波は、どうやら来ないようだ。彼は便座から立ち上がって衣服を整えた。そうして簡易な鍵しかついていない間仕切りのドアを開け、洗面台の前に行って再度、自身をチェックする。

（店主が悪趣味なジョーク好きだろうと、ちょっとおつむがアレだろうと関係ない。借り

たトイレの使用料を払って、それで一切合切おしまいだ。ふん。使用料は一番安いコーヒー代が相場だろうな……）

当初の地獄に仏——感謝の思いにとってかわって、灰山さんの頭には営業マンらしい打算が首をもたげてくる。まさに、そのタイミングであった。

ごおっ！

音が響いた。灰谷さんがたった今、出てきたばかりの間仕切りの向こうからだ。個室化された、その中から水音が。それは、便器の水が流された音だった……。

（え？）

それだけではない。間仕切りは木製で、ぞんざいなつくりであった。あちこちに〝隙間〟ができてしまっている。ドアだってそうだ。その〝隙間〟から何かが見える。

（えっ？）

赤——いや、えんじ色？　無彩色でうす暗いこの場には最も似つかわしくない色。それが〝隙間〟に見え隠れする。衣服の色？　もしも、そうだとしたら。個室のなかに誰か——いることになる？

（ありえない）

トイレは二畳程度の狭い空間だ。そうして、その半分を占める個室は灰谷さんが使用して出てきたばかり。もちろん洗面台の前にも次の順番を待っている誰かなどいなかったし、入れ替わりに入った事実もない。

灰谷さんのこめかみに先ほどとは異なる汗が、つうと流れてゆく。

（おい。何なんだ、これ。さっきの貼り紙の文句を再現して——しかし、ありえない、こんなことは。店主が間仕切りの内側に、緻密な細工でもして喜んでるんじゃない限りは。何か……〝出る〟だって？　冗談じゃあない）

ごそっ。ごそり。

個室のなかで何者かが、身じろぎする気配がした。細工か何かはわからない。が、確かに個室には何か——いる。

外は曇天とはいえ適温の春の陽気であった。にもかかわらず灰谷さんは寒気を感じていた。このトイレ内の空気が冷たい。それに、うす暗さも増してゆく気がする。

（あの貼り紙の文句は何と言っていた？　何かあっても無視しろ、かまうなと書いてはいなかったか……）

けれども灰谷さんは、なぜか半歩、個室に近づいていた。暗いのに〝隙間〟にあの色がちらつく。

（確かめなければ）

そんな思いが狂おしいまでに突然、こみあげていた。強迫観念じみていた。この個室のなかに何がいるのか。どんな姿をしているのか――確かめなければならない。そうしなければ気がすまない。灰谷さんは右手を再度、取っ手にのばす。ぞんざいな代物だ。鍵もかかってない。触れただけで開くかもしれない……。

トウテンハ、イッサイ、セキニンヲオイマセン！

（ひっ！）

頭の中に電流が走ったようだった。灰谷さんの脳裡に、あの文字列が鮮明に浮かびあがる！　個室のなかから、湿った――しのび嗤《わら》いのような声が低く聞こえたような？　彼の頭から、狂おしい思いが消えた。かわりに襲ってきたのは――恐怖感だ。

ココニイテハ、イケナイ！

大事な営業鞄を握ったまま灰谷さんはドアを開けていた。間仕切りについているそれではない。店のなかへと通じる方のドアを。

バタン！

背後でドアが勢いよく閉まる。灰谷さんが無意識に閉めたというより、他の何かが閉めたみたいに。視界が一転する。つい先ほど、昼間にもかかわらず暗かった店内には——照明がついていた。椅子もテーブルも明瞭に見てとれる。そうしてトイレから飛び出た形の彼は、あやうくぶつかるところだった。目の前には男が一人、立っていたのである。

「あんた……だれ？」

初老で長身の男だった。ズボンに薄いセーターのラフな格好。さきほど、くもりガラスの前にいた店主かもしれない。男は怪訝な顔つきで灰谷さんを、じろじろと見ている。

「あんた——お客さん？　だとしても困るな。勝手に店に入ったりして。それにうちのトイレを使ったのか。こっちも勝手に？　どういうつもりなんだ？」

「は？」

「通報されても文句は言えないんじゃないか、あんた？　不法侵入だろう。常識的に考えて」

呼吸を乱している灰谷さんは状況を整理できない。背後にあるトイレでの異様なできごとと、一変した店内の様子。

「あの、ここのご主人、ですよね」

男──店主は、うなずく。

「でも……でもね。さっきことわりましたよね。あのですね。この近所を所用で通りがかって。急にお腹の調子が悪くなったから、お手洗いを貸してほしいって頼んだでしょ。貴方、あのくもりガラスの前に立っていましたよね。ぼおっと。ああ、そうだ。ぼおっとした感じで立っていた。それで、このトイレの方を指さして。だから私は、このトイレに入っていいものと判断して。それで──」

「……外出していてね。今、この店に戻ったところなんだ。ああ、そうか。なるほど。トイレを借りるためにね。それで店のなかに入ってきたと言いたいわけだ。ふん。いちおう筋は通っているか」

(何だって？　外出中だった？　それじゃあ、さっき店の奥にいたのは誰だったのだ？　自分は誰に──何者に〝許可〟を求めたというのか？

「そっ。それでトイレ。このトイレをですね。使っているときに貼り紙が目について」

「貼り紙？」

「貼ってあるでしょ。あ、貴方が貼ったんでしょ？　大きな紙！　その貼り紙に書いてあったようなことが。そうだ。あの貼り紙が」

訴えたいことがたくさんあった。いや、それ以上にたずねたいことも。だが。

「あんた…………アレに遭ったんだな？」

〝貼り紙〟という単語を口にしたとたん、店主の顔が目に見えて赤黒く変化した。

「あんた、遭ったんだな、アレに。…………畜生、またか。またなのか。ついこのあいだも×××を、やったばかりだぞ。それなのに、まただ。またこれだ——まだ出やがる。まだ、出やがって」

（えっ——アレ？　今、この男は何て言った？　このあいだ何をしたって？　聞き取れない）

店主は「まだ出やがる」という言葉を執拗に繰り返しつつ、レジのところに行き、その小さな丸椅子にどさっと座る。その眼が、異様に、ぎらぎらしていた。灰谷さんは迸りそうになった質問の奔流をのみこまざるをえなかった。店内には音楽はなく往来の物音も伝わってはこない。静寂のなかで店主の、「まだ出やがる」という言葉が際限なくリフレインされる。

みしっ！

（背後の——ドアの向こうで。いや、トイレのなかから、また物音がしたぞ？）

灰谷さんはもう、それ以上店内にとどまりたくなかった。

ぎらぎらとした眼の店主もまた、何か――別の何かに変わりそうな気すらした。彼は機械的にトイレの使用料をたずねていた。混乱しきった彼の頭ならば店主の言いなりに払ったかもしれない。もう打算も何もない。万札であっても、ひょっとしたら財布の中身全てでも差し出していたかもしれなかった。けれども店主は、ぎろりと、彼を忌々しそうににらむと、簡潔に払わなくていいと言った。そうして、おそらくひとり言だったろうが――吐き捨てるようにして、つけくわえた。

「店主不在のとき、トイレは使用しないでくださいって……書いておかなきゃな」

灰谷さんは人形みたいな動きで喫茶店の外に出た。

からん。

とりつけられた鈴が再び鳴る。戸には小さな札が揺れていた。

……〝営業中〟。

灰谷さん自身、あの店でのできごとが現実であったかどうか歳月を経た今、確信がもてない。

あの貼り紙の文句。店主の言動。そうして個室のなかにいた〝モノ〟。

以降、その住宅地にいた顧客とは没交渉となったため、再び赴く機会はなかった。仮に上から赴くよう言われたとしても、彼は固辞したろう。

喫茶店妖談　③店員の私語を拾う

駅やその周辺等、チェーン店展開している喫茶店は便利でサービスも均一化されている。もっとも態度のよろしくない不良客が、一定の割合でやってくるように。店員もまた、お客が飲食しているすぐ横で無神経な雑談に興じていることがある。客へのあからさまな悪口でない限り、通常、気にするようなものではないのだが。

都内の某駅高架下にあるその店舗は、駅の近くに勤め先がある菅さんにとって、しばしば息抜きの場だった。ある日の来客が途切れる時間帯——数人の女性店員が店内の一角でしゃべっていた。すぐそばの席にいた菅さんには、いやでもその会話が聞こえてくる……。

「お客さんにさ。入口で消毒をお願いします、っていちいち言わなくちゃいけないよね。規則だからしかたないけれど。でもさ。拒否するお客さんも多いよね。ごねる人もいるし」

「いるいる」

同意の声があがる。

「いるよね。こっちも人間だからさ。カッとなることもあるよね。せーしんえーせーに、よくないよね。消毒だけに。えーせー上」

ひとしきり、笑い声。

「常連の人はね。まあ素直にこっちが何も言わなくても、やってくれるけど。そんな常連さんにもいちおー『何名様ですか？』って、これも規則でたずねなくちゃいけない。どー見ても一人きりで来店したお客さんに毎回たずねるのは、ちょっとねえ」

「わかるわかる」

また、同意の声があがる。

「あ～～。そういえば、いつもいつも『何名様ですか？』ってたずねたら『二人です』って指を二本立ててさあ。まじめな顔で言うお客さんがいたっけ。週一《シュウイチ》くらいで、もちろん一人で来店する人。最初はジョークなのかな？　って流していたんだけれど。いつもいつもいつも同じこと言うんだよね。アッチ方面の人なのかな～～とか」

「あ。あの男の人ね。うん。わかるわかる。ちょっと気味悪いよねえ、あの人。大丈夫なのかなって」

「ぜんぜん大丈夫じゃないじゃん」

絶妙のタイミングで合いの手が入った。

「それ以外は、ふつうの人なんだけどね」

「うん。私も知ってる。このあいださ。その人のうしろに——何か、ついてきている気がしたわけ。一瞬だけどね。うっすらとね。アレ……何だったのかなあ。一瞬だけれど、その人の肩越しに手がまわされたみたいに見えた。すぐに引っ込んだけれど」

「何それ、霊感体質ってヤツ？」

「怖いって！」

「怖いこと言わないでよ。気のせいだよ。あんた有給、消化した方がいいよ」

怖い怖いと連呼が響く。

「うん。気のせいだよね。私もそう思う。こんな、ご時世だもんねえ。疲れるよねえ。ほんとうに。人間だから。人間相手の仕事って疲れる。相手は人間——だもんね」

たぶんね。と、その女性店員はつけくわえたという。

鬼の面が歪む

近畿圏のはずれの某県に暮らしている片山さんの自宅は、ごくふつうの一戸建てだ。彼女は高齢の母親と二人暮らしだったのだが、その母親も亡くなって数年になる。

片山家の玄関にはおきまりの鏡があった。そうして反対側の壁の上には、小さな鬼の面がかけられていた。母親が存命中に、どこかに旅行に出かけて、おみやげに買ってきたものだ。紙を貼り合わせてつくられたものだが出来は稚拙で、塗装も子供が目鼻を描いたよう。暗い青色で塗られているから青鬼なのだろうが、角もちいさくて言われなければ鬼とわかりにくい。なぜ母親がこんなものを買って飾る気になったのか片山さんにはわからない。母親の持ち物はほとんど処分してしまったが、この面はなんとなくそのままになっていて、時々は上にかかった埃を払ってやっていた。

ある時。片山さんは外出しようと玄関の鏡の前に立っていた。髪や服装をチェックしていたのだ。そうしてふと、鏡越しに自分の背後にある鬼の面を見た。同じことはそれまで何十回もしていたはずだ。いや何百回だろうか。けれども。その時に見えた鬼の面は——

ふだんとはちがっていた。

醜く、歪んでいた。

否。すでにそれは面などとは言えない。とてつもなく厭な――肉面。人の顔そのものだった。本物の誰ともわからない人面が、壁の上に浮きあがっているか、はりついているものか。そうして彼女をじっと見ている。よこしまな視線で……。

片山さんはハッと振り返った。誰でも同じ状況なら、そうするだろう。しかし。

面は――いつものように、そこにあった。そうして、いつものように、稚拙な鬼の面であった……。

見間違えというのはよくある。人間誰しも見間違う。

が、片山さん宅の玄関の鬼面は、それ以降も時折……歪むのだという。いつもいつも鏡越しなのだが本物の人面に見える。さらに、その顔は様々に変化して、そのどれも彼女はまったく見覚えがないのだ。

母親の形見ともいえるのだけれど、片山さんは今度こそ処分したいと思う。切に。その一方で、はたして雑に扱っていいものかどうか、わからない。人形供養をしているようなところに持っていけば――とも思うのだけれど。本来、来歴も何もない、どこかの〝みやげ物〟でしかない安物の面だ。供養をするような来歴など皆無なのだ。それとも。彼女がわからないだけであるのだろうか？

片山さんは、ふんぎりがつかない。その鬼面は今も彼女の自宅の玄関にかかっているはずだ。

黒電話（問題物件・序）

スマホもガラケーも――いやいや、プッシュホンすらもなかった頃。各々の家庭や仕事場にあった電話は、ダイヤル式の「黒電話」だった。公衆電話の使い方を知らない層が存在する現在。「黒電話」の使用経験はおろか、見たことすらない方もまた多いだろう。姿を消して久しいけれど、そんな黒電話でも、まだ一部で使用されていると聞く。

昭和世代には、ただただ懐かしいレトロアイテムだけれど。昔から「黒電話」がからむ怪談は多い……。

場所は京都。

大学名も所在地も明記できないけれど。某有名大学に入学が決まった加藤君は生まれて初めて親元を離れ、大学の近くで一人暮らしをすることになった。仲介業者に格安物件を紹介してもらい、そのことを高校の先輩であるAに報告をした。A先輩もまた京都の大学に通っていたのだ。すると驚いたことにA先輩はその物件――メゾン○○というアパートを知っていた。そして真顔で加藤君に言うのだった。

「お前、あのアパートはやめておけ」

当然加藤君は、その理由を訊く。するとA先輩はあくまでも「自分の知り合いが、そのアパートにいたことがある」と前置きした上で、こんな話をし始めた。ひょっとしたらそれは、A先輩自身の体験の可能性もあるのだが。

その部屋は角部屋で……二階の一室だったという。ところがA先輩の知り合い——仮に岡田青年としておこう——は入居したその日から、あることに悩まされることになる。

アパートにはつきものの迷惑トラブルでもあったのだろうか？　……ある意味そうだ。だが、よくある大音量の音楽や赤んぼうの泣き声、あるいは犬猫の鳴き声、そういった種類のものではない。

電話だ。それも固定電話の各種電子音——でもない。なんとダイヤル式の黒電話が元凶なのだという。この電話は回転する盤を指でまわすと独特の音がする。実際に聞かないとわかりづらいのだけれど、〝ジーコ、ジーコ〟という音だ。昔の映画やＴＶドラマにはもちろん出てくるので、見聞きしたことがあるかもしれない。スマホを使ってる人のなかにも、わざわざこの黒電話のベル音を着信音に選ぶ人もいるとか。

それはともかく。岡田青年は、この黒電話に非常に苦しめられることになる。隣の部屋なのか、それとも下の階なのか、よくわからない。アパート自体は二階建てなのだが毎晩、〝ジーコ、ジーコ〟と、どこからともなくダイヤル音が響いてくるのだという。低いけれども、それはもう耳障りな音が。そうして誰だか知らないが、一晩中それを続けるのだ。ジーコ、ジーコ、ジーコ、ジーコ、ジーコ、ジーコ、ジーコ、ジーコ……。

それに加えて、はっきり聞き取れない、ぼそぼそとした〝声〟も加わる。電話をかけているなら会話をするのは、ふつうだ。が、一晩中かけては受話器を置き、またかけるのを繰り返すなど通常ありえない話である。そうだ。自分の部屋で何をしようと勝手だ。一晩中、筋トレをしようがナニをしようが——他人様に迷惑さえかけなければ。

迷惑音とはいえ、ダイヤルをまわす音も声も世間でいう基準以下だろう。だが、それはもう異様に耳についてはなれない。岡田青年に言わせれば、かすかだけれど気がどうにかなりそうな——そんな音と声だったらしい。

それでいて朝になるとしんと静まり返って、もうどこから音がしたのかさっぱりわからない。はたして壁越しであったのか床越しであったのかさえ。

岡田青年は半月もたつと、ふらふらになってしまった。とにかく夜はほとんど一睡もできないのだから当然である。大学生活も何もあったものではない。いろいろな意味で大事な時期だったにもかかわらず。彼は大家に相談した。何者かはわからないが、同じアパートの住人の〝問題行動〟を。たあいもないことを針小棒大に訴える、と一蹴される可能性もあった。何しろ聞こえてくるのが、よりにもよって黒電話の音である。時代遅れも甚だしい。幻聴扱いされないとも限らない……。

大家はそのアパートが建ってから二代目で、40代後半の男性であった。青年の訴えを小馬鹿にもせず厭な顔もせず、とにかく最後まで聞いてくれたという。真顔で最後まで。

自分が異常なことを訴えている――大家さんは、そう思うか否か？　……ひととおり話し終えてから岡田青年は、大家に向かって、そう問いかけざるをえなかった。睡眠を求めて、しかし得られないその眼は甚だしく攻撃的で――殺気を帯びていたかもしれない。

「……まず、こちらへ」

大家は岡田青年の部屋の隣室を開けて見せてくれた。角部屋であるから隣室はひとつきりだ。そこは――空き室であった。怪しいものなど何もない。

「ごらんのとおり、こちらの部屋には誰もいません。昼も夜もね」

次は階下の岡田青年の真下の部屋である。そこは物置がわりになっていた。住人はもちろんいないし、物が無秩序にあふれかえっていて外から誰も侵入などできない状態だ。

「こちらも、このとおりです」

大家は、あくまでも物静かに言う。それとは反比例に岡田青年は混乱した。隣室と反対側の壁の向こうは草が生い茂っているアパートの敷地である。つまり居室のまわりに迷惑音をたてるような要素は、どこにもない。それどころか誰も存在しないことになってしまう！　だがしかし、そんなはずはないのだ。あのダイヤル音と〝声〟。かすかだが執拗なそれらは離れた場所では絶対に、なかったから。

「……ふう」

唖然とした表情の岡田青年を前にして。部屋を見せてまわった大家は、最後に大きなため息をつくのだった。これ以上はないくらい疲れた顔で。けれど、それは入居者の虚言や妄想につきあわされた――という意味ではなかった。なぜなら大家はこんなことを物静かに打ち明けたから。

「今はね。草が茂っているだけの敷地ですがね。そこは本来、建物の一部だったんですよ……」

そう、メゾン〇〇にはもう二部屋あったのだ。その一階か二階か……現在はなくなってしまった〝本来の角部屋〟に、ある時点で入った人間は、とてもふつうとは言えなかった。

どうやって生活していたかは不明だが、いつからか一日中、部屋にこもって外に出ようともしない。そうして夜になると当時の固定電話——そう黒電話が主流の時代であったという——で、おそらくは電話帳を見て手あたり次第に電話をかけていたらしい。誰かが受話器の向こうに出たなら、意味不明なことを低い声で言い続ける。

ぼそぼそぼそぼそ。

これが、えんえん繰り返される。当時のアパートの住人たちの苦情で、まず先代の大家が諫《いさ》めたのだが、まったく効果はなかった。最終的には警察沙汰になったのか、それとも強制退去されたのか——。大家は言葉を濁したが、いずれにせよ、その部屋の主はいなくなった。そのはずであったのだが。

大家は語り続ける。それはもう疲れ切った様子で。

「……そいつが、いなくなったそのあとにね。その部屋に入る人、入る人、オヤジのところに訴えに来ましてねえ。なんでも深夜に何かが部屋のなかに入りこんできた——とか。それも泥棒なんかじゃない。ズルズルズルズル、暗闇のなかを這いまわったり。ぺたぺたぺたぺた住人の顔や体を触ったり。それでいて目がさめても部屋のなかには誰もいない。いや夢なんかじゃなくてね。少なくとも住人にとっては、どれも現実でしょう。もっと、ちょっと口では言えない、えげつないことごとも訴えられましてねえ。

オヤジはそれで悩まされました。結局、その部屋を含む二部屋を、潰してしまいましたよ。私も若い頃はね。金やら何やらかけて、なんて馬鹿なことをするんだろう。と、そうも思っていましたよ。家賃を安くさせるための狂言というか……自作自演じゃないかともね。けれども自分がこうやってオヤジのあとをついだら、今度はアンタみたいに血走った眼で——ああ失礼——訴える人が出てきます。そうですとも。電話の音とか、ひそひそ声とかねえ。そのうちの一人は、こんなことも言ってました。

『これは床のすぐ下から絶対、響いてきている！』

奇声をあげてフローリングの床をバールみたいなモノで剥がし始めて。あの時は騒動になりましたよ。あの人の眼も、それはもう、あかかったな。ああ、思い出すのも厭だ。

まあ……しかし誰も彼もというわけじゃないんです。人によっては、ぜんぜん感じないみたいだし。アンタはそっちの組じゃなかったわけだけど。入居前に説明しなかったのは、そういう次第なんです。アレ——〝事故物件〟ですか。ありますよね。心理的瑕疵の告知義務だったか。どのくらい、さかのぼって新入居者に説明しなければならないのか、とかね。でもね。ウチでそれが起こったのはもう、むかしむかしのことですよ。そうですとも、大昔だ。それにね、どう説明したらいいんです？　〝その部屋〟で人死にが、あったわけじゃあない。ぜんぜん、そんなことはない。そうして〝その部屋〟は今現在、どこにも存在しないんですよ？　それでも告知義務がある、と？

そうですとも。これでもね。ずいぶん落ち着きました。昔にくらべたら無害と言っていいくらいにねえ。なにしろ、そのキ×ルシが住んでた部屋は、何度も言うけれど影もかたちもないんだから。それなのにね。何がどうなっているものやら。こっちも……親子二代にわたって苛められているようなものですよ。たんに部屋を貸した――それだけなんだ。それだけなんです。……この件の大元をつくったキ×ルシはたぶん、どこかわからないところで、とっくにくたばっているだろうけれど。何でまた、ここに執着するものやら。一発、殴ってやりたくても、くたばっているんじゃねえ。もう、笑うしかない。はっ。笑うしかないでしょ、アンタ？　アハハ。アッハッハ。アッハハハハハハ。アハハハハハ。アハハハハハハハハハハハハハ」

大家の静かな。そして乾ききった笑いが途切れることなく続いて……。

岡田青年――A先輩の知り合いは、このテの話を信じやすい方ではなかった。が、それでも大事な時期に文字どおり血眼で新しい物件をさがすことになった。そうせざるをえなかった。

そして加藤君もまた、せっかくの格安物件への入居を断念したようだ。むろんAという人物の話が、ほんとうかどうかは疑問符がつく。つくけれど。

もしも貴方が新生活を始めた部屋の隣あたりから（あるいは、それが階下からだと思いこむにしても）、
ジーコ、ジーコ……

と、時代おくれの黒電話のダイヤルをまわすような音が深夜に響いてくる。

ぼそぼそぼそぼそ――と、低い声が聞こえてくる。そんなことがあったなら、そここそがAが言及していた、やめておいたほうがいい〝問題物件〟なのかもしれない。

心霊スポット探訪前段

24時間営業のファミレスが、まだあたりまえのように、そこかしこにあった頃。

当時フリーターであったN子さんは数人のバイト仲間と、深夜帯に某ファミレスで雑談をしていた。真夏の夜だ。べつだん目的なんかない。自宅にいても退屈であるし何より暑い。ここにくれば冷房も効いていて仲間たちと、たあいないおしゃべりもできる。たんに、それだけのことだった。店側の都合などは完全無視。ダラダラと長居をきめこんで数時間もたったろうか。

ある心霊スポットに行ってみないかと誰かが言いだし、みんな乗り気になった。

それなら人数は多い方がいいと、さらに何人かの遊び仲間にケータイをかけてみる。するとまもなくAという青年が、そのファミレスの入口に姿をあらわした。そして、こう言うのだ。

「〇〇に行くって？　あそこ、出るってもっぱらの評判だからなあ。行って——おかしくなったヤツがいるとか。行った先で、そのまま消えちまったのもいるとか、いろいろ聞くぜ。……あれ？　もう一人は？」

「もう一人？」

Aは、あたりを見回してきょろきょろしている。

「どうした？」

「もう一人って何？」

Aの妙な素振りに皆がたずねかける。

「いや、ここに入ってくるときさ。見たら5人いたように思ったけど。もう一人は誰？

入れ違いにトイレにでも行ったのかよ？」

そこにいた連中は顔を見合わせた。

「……あのな、A。いくら心霊スポットに行くからって、今から空気つくりだすなよ。最初から4人しかいないじゃないか。まあ、お前を入れれば確かに5人だけど」

Aは、それでも納得がいかないのか。客がまばらなファミレスの店内を、なおも見回している。

「え～～～。いやでも、おかしいな？　セミロングで……白っぽいワンピースか何か着ていたぜ。女だった。うん。入口から顔は見えなかったけどさ。それに何がおかしいのか笑ってた。うん。ゲラゲラ笑ってたな。そう見えた。声はとどかなかったけど、体をのけぞらせて。げらげらげらげら笑って――」

「よしてよ！」

N子さんは顔をしかめてAの〝説明〟をさえぎった。

「やりすぎよ。なんだか、ほんとうにそばに何かいる気がしてくるじゃないの」

彼らが陣取っていた席は、ゆうに6人以上が掛けられる。ファミレスのなかでは最も大きな席だ。その空いた部分に、なんとなく皆の視線が注がれる。

人数は増えたのだが、その場の空気はなんとなく重苦しくなってしまった。ついさっきまでの熱が奪われてしまって、店内の冷房が効きすぎみたいに思える。無意識にN子さんは、自分で自分の二の腕をさすっていた。いつのまにか鳥肌が立っていた。

ファミレスの入口から、さらに一人の仲間が入ってきた。今度は女の子だ。明るい笑顔で手をふりながら、N子さんたちの席に近づいてくる。そして彼女は開口一番、こう言った。

「心霊スポットの○○に行くんだって？　おもしろーい！　あれっ？　もう一人の子はどこに行ったの？　トイレ？」

がちゃん！

席についていた誰かが、水の入ったグラスを床に落とした………。

その夜のN子さんたちの「心霊スポット探訪」は中止になった。沙汰止み、である。もしも沙汰止みにならず、そのまま心霊スポットに押しかけたならばどうだったろう。当初、想定していたそのとおりにN子さんたちが十二分に愉しんで。そうして全員、なにごともなく帰ってくることができたか——はたして、どうだったろう？

スーパーマーケット鬼譚　①安全コーン

〝安全コーン〟を、見知っている方は多いだろう。

いやいや、必ず日常生活で見ているはずだ。それは、どこにでもある。工事現場や駐車場に駅構内、それから道路際――数え上げればキリがない。イベントで人を誘導したり規制する際にも使用される。宝くじ売り場などでも見かけたことはないだろうか？　たいていは先が丸い円錐型で、色は赤系（朱色）が多いが実は多彩だ。仕様によっては白のラインが入っていたり、発光点滅するタイプもある。どこにでも、それはある。そう、どこにでも。

「そのコーンに近づくんじゃない！」

アルバイト一日めで鏑木君は、指導役の店員に怒鳴られることになった。東京隣接のS県某市にある、食品中心のスーパーマーケット内。彼は、そこの地下1Fの売り場でアルバイトを始めたところだった。

まずは指導役に従って、売り場のあちこちの説明を受けることから始まる。仮にそのスーパーに客として通っていて、売り場を見知っていたとしても関係ない。指導役は食品担当の社員で40代の男性だった。見るからに落ち着いていて、温厚そうな男性だ。

鏑木君は、そのスーパーには過去何回か訪れたことがあった。が、地下に降りる機会は、これまでなかった。だからそれを、その場で見るのは初めてということになる。

真っ赤な〝安全コーン〟。それが一つだけ売り場の片隅にあり、悪目立ちしている。そもそも目立つことが前提の代物だからこそなおさらだ。たしかに〝安全コーン〟は、屋内でも頻繁に使用される。たとえば地下街等で漏水が起こった場合。通行人を遠ざけるために、その場所に置かれたり。ということは、この地下1Fも何らかの原因で漏水などのトラブルがある、ということなのだろうか？

説明の途中で指導役に連絡が入り、鏑木君はその場にひとり残された。ちょっとした好奇心から、その安全コーンに近寄ってみる。見た限り天井にも床にも漏水の気配はない。水たまりはもちろん黒いシミのたぐいもだ。場所は生鮮食料品コーナーの横で、そこだけ何も置かれてはいない。商品どころか、段ボールなども皆無。そう、そこだけコンクリートがむき出しになっている。約1・5メートル四方——殺風景な空間の真ん中に〝安全コーン〟が、いわば鎮座している格好だ。周囲の明るい風景とけっして溶け込まない、ふつりあいな眺めであった。

(商業施設の非常扉の可動域には、万一の場合に備えて物が置かれないよう床に警告テープなんかが貼られていることもあるけど——ここは関係ないよな。壁にも備品のたぐいは何もない。小さなスペースだけど、まるで意図して何も置いていないみたいだ。いや、これは店側が一番いやがるはずのデッドゾーンを、わざわざつくっているみたいだ。でも利益第一のスーパーで、そんな無駄なことをするはずが……?)

そして鏑木君は無意識に手をのばして、その〝安全コーン〟の丸っこい先端に触れようとした。そのとたん、いつのまにか戻ってきていた指導役に怒気もあらく一喝された。

「す、すみません」

「いや。大声を出したりして——すまなかった」

指導役は、もとの落ち着いた顔つきになっていた。

「あの。ここって漏水とか、あるんですか? それとも何かの修理予定? それでコーンを置いているとか?」

「ン……。いや、そういうわけじゃあない」

そこでなぜか指導役は口ごもる。

「さっき一番はじめに言うべきだったな。うかつだった。この一角だが、むき出しのコンクリートの中には入らないようにしてほしい。それからコーンにも触らないでくれ。絶対に、な。コーンの移動は、もちろん厳禁だ。ほんの少しも、ずらさないでくれよ。ほんの少しも、だ。いいかな。くれぐれも忘れないようにしてほしい。くれぐれも、だ」

指導役は不自然なほど、いや偏執的と言えるほどに念を押す。

「はあ。わかりました……」

口ではそう言ったけれど。鏑木君はまったく理解できなかった。見たところ何の故障の様子もない一角だ。それなのに、この執拗な指示はどういうことなのか？　とはいえ彼にとっては、バイトの初日である。目的はあくまでもお金であり、そのためには、お金をくれる側の人間に従わねばならない。たとえ相手が運悪く——世間でいう〝奇人変人〟の、たぐいであったとしても、だ。

だが指導役は、そんな鏑木君の内心を、ほぼ正確に見抜いたらしい。

「おかしなことを言うと思うだろう」

「あ。そんなことは」

「いや、そう思うのはふつうだ。ここで働き始めた人間は、みんな最初は変に思う。いや

――後々まで、な。コーンは目立つし隅にあるとはいえ、この眺めは気になる。お客さんでも気になって、こちらに質問してくる人もいる。なかには、さっきの君みたいに触ろうとしたりする人もいる。玩具と思って勝手に動かそうとする子供だっている……」

そこでまた指導役は口ごもった。言葉をさがしているようだった。

（何なのかな？　この人、ほんとうに大丈夫か）

「……地下1Fの食品売り場の、このあたりで。時折、とんでもない悲鳴をあげるお客さんがいるんだ。まるで誰かと喧嘩でもしているかのように、怒声をあげる人も出てくる」

（は？）

「店員が駆けつけても、悲鳴の主のお客さんは一人で通路に座りこんでいる。あるいは、きょとんとして立っている。だいたい、そんな感じなんだ。そうして『おかしなヤツに、いきなり後ろからひどく背中を叩かれた』『服の裾を引っ張られて転倒しそうになった』『足もとに変なヤツがしゃがみこんでいて、その顔が、ひどく崩れていた』――そんな話を聞かされるハメになる」

鏑木君は指導役の語っていることが、まったく理解できない。この人は何を話しているのか。変質者。いやいや、異常な行動をする何者かが、店内に侵入したとでも言いたいのだろうか？

「お客さんだけじゃあない。店員にもいる。何人もいる。やっぱり、このあたりで似たようなめに遭うんだ。怪我をした者もいてね。この壁際に人影が向こうを向いて、しゃがみこんでいて。そして、そいつの頭が、ごとっと床に落ちて。自分の方に転がってきたそうだ。驚いて、のけぞり倒れたその店員は後頭部を床に強打した。救急車が来たよ……」

「は？　頭？　頭が落ちた？　あの、ちょっと」

鏑木君は、あまりの話の逸脱ぶりに思わず声を出していた。彼でなくても、そうなるだろう。

「ああ。××××じみていると思うだろうな。当然だ。こちらも、ただただ話を聞くだけの部外者なら、そう思う。しかしな。この店の、地下1Fのこのあたりでは――ほんとうのことなんだ。だから…………〝安全コーン〟を置いた。たった1・5メートル四方のスペースだよ。近づきさえしなければいい。何か起こる確率も減る。本来がっちりした間仕切りか何かで、ここだけ囲ってしまいたいんだが、それはやらない方がいいらしい。上の方が〝相談相手〟におうかがいをたてたら、そう言ってきたそうだ。何と言うのかな……人間も、そうでないものも、がんじがらめに縛ると後が怖い。縛る縄は、ゆるめがいい。ほんの少しの余裕。それが必要なんだそうだ。そういうものらしい。よくわからないが、その界隈では、な」

それは、つまり。

（ソッチ方面の話ということか）

その方面に興味のない鏑木君にも、ようやく指導役の話が何を指しているのか——見当がついてくる。見当がつく、だけだったとしても。そして指導役は、そんな鏑木君の思いをまたしても見透かしてしまうのだ。

「全面的に信じろなんて言わない。こっちも理路整然に説明なんてできやしない。そもそも理屈で、どうこうという話じゃない。けれどな」

指導役は、これ以上はない真顔をぐっと鏑木君の顔に近づけた。

「ここで働くのなら、コーンには近づくな。文字どおりこれは——掛値なしの〝安全コーン〟なんだ。この一角には何かがいる。いや、こっちにはわからない〝境界〟があるんだろう。そこから先に踏み込むと何かに遭う。そういうものなんだ。そうとしか解釈できない。だから、こいつでその確率を少なくしている。そういうことだ。今までは何か起こっても、大ごとにはいたらなかった………把握しているかぎりでは、だけどな」

把握していないことごとも、あるということなのか？

「君だけじゃない。お客さんが〝踏み込みすぎ〟そうなら、さりげなく他に誘導してくれ。それこそ漏水。コンクリートの劣化に破損。工事予定。何だっていい。名目は何でもいいから、でっちあげてな。冗談なんかじゃなくてだ」

……鏑木君は、そのスーパーでのバイトを続けている。時給はイイ。その他の待遇も、こんなご時世にもかかわらず、すこぶるつきだ。そうして〝安全コーン〟は、あいかわらず地下１Ｆの食料品売り場の片隅に、鎮座し続けている。まるで祀られているかのようだ、と彼は思う。

地上の道端のそこかしこには、今となっては何を祀っていたのかも定かではない朽ちたような祠が、散見される。解体工事などでは、そういった祠の移動等には細心の注意がはらわれるような話も耳にする。これをおろそかにすると作業現場の人間が事故に遭ったり行方不明になったり、工事が中断に追い込まれる――そんな話も聞く。理屈などではない。理屈など介在せず通用もしない、のだとも。

祀られているモノが、神――とは、必ずしも限らない。神という言葉も便利に使われてはいるけれど、そもそも人間に好意的かどうか、誰にわかるだろう？

それはともかく鏑木君は、今のところ怪しいことごとは見聞きしてはいない。言われたとおり〝安全コーン〟を、おもちゃにしそうな子供に注意したり。不用意に近づきすぎるお客を遠ざけることはある。いやでもチラチラと目線がコーンの方にいってしまうクセが、ついてしまった。とはいえ。気がついたら足もとに、ちいさな何かがしゃがみこんでいて——そんな体験は一度もありはしない。

今のところは。

スーパーマーケット鬼譚　②エスカレーター事故、多発す

屋上に小遊園地が設けられている。そんなタイプの懐かしいデパートやスーパーは、ほぼ姿を消してしまった。完全消滅に近いかもしれない。関西のH県の某市にも、そんな——古いスーパーマーケットがあった。7階まであって各フロアーで食料品、衣料品、家具、電化製品などが販売されていた。一時は多くのテナントも入っていたのだけれど、いろいろあって次第に各階が縮小・閉鎖された末に他企業に吸収、建物自体とりこわされた……。

初老の男性である名取さんは、その古いスーパーマーケット——仮にPとしておこう——の2Fにあった衣料品担当の一人として、長年働いた。その彼によればそのいろいろにいは実は軽々に口外できない〝不可思議な出来事〟もあったという。

殺風景な個人事務所のなか。安っぽい事務椅子に腰かけて、名取さんは語る。

「エスカレーターがね、おかしかったんですわ」

……ご存じのとおり一般的なエスカレーターは、人が乗る階段部分である〝踏み面（ステップ）〟と、その両側にある〝可動ベルト（手すり）〟部分で外観はなりたっている。も

ちろん見えない部分には、踏み面どうしを連結しているチェーンやローラーや駆動レール等がある。過去に起きた数々の事故を教訓とし、エスカレーターは改良され続けてきた。万一の場合は緊急の安全装置が働くなど、事故の可能性は著しく減ったはず——なのだが。

名取さんによれば、スーパーPではごく小規模ながらも〝エスカレーター事故〟が多発した。

「場所はいつも決まってるんですわ。ああ、またかって」

スーパーPの基幹エスカレーターは各階、上り下り用のそれが、横から見たならX字型に配置のスタンダードなタイプだった。事故が起こるのは、決まって——1Fから2Fへ上り用に使用されているものだった。そこだけが、ひんぱんに事故を起こす。

事故と言っても、いろいろある。お客がエスカレーターを駆けあがっての転倒事故。子供などを中心に、逆方向に使用するなど無謀行為による怪我。ベビーカーや買い物カートを、不注意に乗せてのアクシデント。このたぐいは、たしかにどれだけ機械が高性能になっても防ぎようがないだろう。

「アタシもそう思うんですわ。ええ、何割かはそうでしょうとも。でもね。そのエスカレーターがおかしかったのは〝降り口〟部分でね。ええ、あそこだけ。アタシだけじゃない。

当時の——特に衣料品販売要員は多かれ少なかれ気づいていたはずですわ。というのもそこで事故に遭うのはお客さんだけじゃないんですわ、店内の人間も含まれてまして」

カッタカッタカッタカッタ……。

名取さんは腰かけている椅子を軋らせながら、貧乏ゆすりをしている。彼は、それはまず〝異音〟から始まったと主張する。

「厭な音が響くんですわ。そりゃもうね、何とも言えない厭ァな音がね。それがね。決まって〝降り口〟にある、安全プレートのあたりからなんですわ。何かはさまっているか噛んでいるか。どうかすると、そいつは声みたいに聞こえるんです。キキキキキキキッ、という感じでねぇ。甲高い声で——何かが、ものすごい早口でしゃべったり、嗤《わら》ってるみたいにねぇ。アタシだけじゃない。当時は皆、言ってました。アレは機械が出す音なんかじゃないって。どんなにイカレている機械であっても」

実際に異物が、エスカレーターの内部に干渉していれば大ごとである。大事故が発生しかねない。月イチの定期点検はもちろんあったけれど〝異音〟が響くたび、管理会社の人間が呼ばれて臨時点検が行われた。それでも異物など発見されない。ただの一度も。

「何か——見たって店員もいたんですわ。その、〝降り口〟の安全プレートのあたりでねぇ。

〝踏み面〟が引き込まれる、その隙間から何かが出てくるって。さすがに皆、そんなことは信じません」

そうだ。そんなことは論外だ。通常ならば。

「その店員は言ってました。『出てくるそれが、お客さんたちの脚をつかんだり、はらったりする。だから、みんな転倒するんだ。事故が起きるんだ。怪我をするんだ』と。そう主張してねぇ、ゆずろうとしなくって……」

名取さんのいうその店員は、上司から厳しく叱責されたあと、スーパーを辞めてしまったという。

「そうしたら間もなくねぇ。その上司が問題のエスカレーターで、大怪我をしたんですわ」

スーパーのスタッフは基本、エスカレーターを使用しない。だからといって階段や搬入路のエレベーターだけで、フロアー間を移動するわけでもない。とりわけ開店時間前などはチェックの意味もあり、各階のエスカレーターに乗って巡回する。

「あんのじょうね。〝降り口〟のあたりで転倒して顔面を、もろにぶつけて。ひどいもンでした。他の店員の肩を借りて、歩いていくのを見ました。血がね。ボタボタと床の上に落ちて――ええ、何と言うか、そりゃあもうひどかったですわ。ボタボタボタボタ……」

上司は顔面裂傷であったが、命に別状はなかったらしい。けれども肩を貸した店員に、あらぬことを口走ったと噂が広まった。

「上司が、あたりまえみたいにエスカレーターに乗っていたら。〝降り口〟で突然、足首のあたりを握られた。それで転倒したのだと。そうして顔面を叩きつける寸前、安全プレートの隙間に何かがいて。そいつが嗤っていたとか。例の声みたいな〝異音〟を聞いたとか──あくまで噂ですわ」

プレートの隙間というが、そんなものは実は存在しない。少なくとも何か……その奥にいるものが見えるような隙間は。近年の精度の高い〝安全プレート〟には〝踏み面〟が引き込まれる際にも、隙間らしい隙間など生じない。この一件のあと、以前にも増してエスカレーターは店側の手で停止させられた。管理会社による点検作業が執拗なまでに繰り返されても、やはり物理的な異常は何一つ発見されない。転倒を招くようなイレギュラーな突起物、衣服を引っかける〝踏み面〟の劣化、そんなものは皆無。そのエスカレーターはいつもシロだった。

名取さんは売り場から、その点検作業を見ざるをえなかった。2Fのメインレジカウンターは、エスカレーターのすぐ横に位置していたから。一時的に〝踏み面〟が外されて内部が露出する。そうして〝点検中〟と書かれた黄色いボードの向こうで、作業員たちが話している声も伝わってくる……。

「『おい、今、何か言ったろ?』『言ってませんよ』『ウソつけ。俺に向かって言ったろうが。何度も何度もしつこく。そうして笑ったろ。キキキキッと変な調子で。どういうつもりだ。作業中に。ふざけてんのか?』『だから、何も言ってませんてば! どうかしちゃったンですか!?』……そんなやりとりもねぇ、聞こえてきましたっけ」

名取さんの顔色は蒼い。彼の貧乏ゆすりは、だんだん早くなる。

カタカタカタカタ!

……スーパーPは、それまでのように店内ソングを流し様々なセールを展開していた。しかし客数は目に見えて減少していた。もちろん、エスカレーターの件が大きく影響していたとは一概に言えない。が、店内スタッフたちの意欲もまた明らかに減衰した。みんな機械的に仕事をこなす一方、馬鹿馬鹿しいほど初歩的なミスが増えてゆく。店内の雰囲気は悪くなってゆく。

名取さんは、それでも衣料品担当として日々の責務をはたしていた。フロアーの責任者である上司が怪我で休職してしまったので、負担は倍増した。辞めた人間の補充も、されないままだ。皮肉なことに、かんじんの来客は減ってしまったのだが。言いようのない疲労感のなか、彼は時々、横にあるエスカレーターに顔を向ける。とりわけ、その〝降り口〟を。

「上司が大怪我をしてから、何日めだったか。エスカレーターの〝降り口〟に、それを見たんですわ。真っ白な手が助けを求めているみたいに、にゅっとのびていて。それから……やっぱり白い頭も。どちらもかぼそくて、ちいさくてねぇ。あ。とうとう機械が子供を巻き込んでしまった！　そう思って、その瞬間、ぞっとしましたわ」

たとえ子供であっても、エスカレーターに人体そのものが巻き込まれる。そんなことは可能性としてはゼロに等しい。もちろん安全プレートが何らかの要因ではずされていて。さらに〝踏み面〟が突然、完全に壊れれば別だろう。とはいえ、そんな事態はまず構造的・確率的にありえない。ありえないのだけれど、その瞬間の名取さんは、ただただ戦慄した。疲労が思考回路を侵していた。

「それでアタシはね。レジカウンターから飛び出しましてねぇ。そして〝降り口〟に向かって、駆けだしていました。でも……」

それは名取さんが飛び出したとたん、ふっと消えうせた。

そして。あの〝異音〟が響いたのだという。まるで名取さんの慌てぶりが、おかしくてたまらないとでも言いたげに。

キキキキキキキッ。キキキキキキキキキイぃぃぃぃッ！

同じくレジに入っていた同僚が名取さんに近づいてきたが、彼は脱力して、その場にへたりこんだそうだ。

「あの時点でねぇ。スーパーP××店はねぇ。系列のなかでは、すでに整理対象だったんですわ。アタシは、このできごとから間を置かずに早期退職希望組に志願しました。そのあと建物が解体されるまでのことはわからんのです。もっと……エスカレートしたことが起こったのかどうか。何であんなことが起こるようになったたか、見当なんかつきません。長いあいだ、あそこにあった古い建物だから……そりゃあイイことばかりでは、なかったでしょうけれど」

ガタガタガタガタガタガタガタガタッ!!

名取さんの貧乏ゆすりは、ますます速く、ひどくなってゆく。その体が上下左右にこまかく揺れる……。

スーパーPはとりこわされた後、上部組織を吸収した大手企業によって。その跡地には元の建物よりも、はるかに大きな代物が建てられた。近年、あちこちで見られるマンション一体タイプの代物だ。建物の下層には、その大手企業に関係する店舗が複数入っている。もちろんエスカレーターは何基も設置されて稼働している。よくない噂は特にない。

スーパーPの当初が、そうであったように。

すきま畸話四題　①同居人

「すきま女」という、非常に有名な都市伝説がある。

原点（類話）は江戸時代まで、さかのぼれるとか。たいてい屋内で、他に誰もいないのに視線や気配を感じる。あたりを見回しても誰もいない。そんなことが繰り返されるうち、当人は神経衰弱気味になってしまう。やがて彼または彼女は家具等――わずか数ミリから数センチ――の〝隙間〟に、ふつうではないものが潜んでいるのを発見する……。

そんな流れだ。また、この都市伝説の系列には「すきま男」というのもある……。

大阪府下のI市。そこの古い某公団住宅に入っている鹿島さんは、幼い息子と二人暮らしである。在宅の仕事で、なんとか日々を送っていた。

ある日のこと。息子は居間で遊んでいた。短い廊下と居間の間に引き戸があるのだけれど、その戸にお気に入りの小さな玩具を、ぺたぺたとくっつけていたらしい。おそらく吸盤のついた玩具だったのだろう。そうとは知らず鹿島さんが引き戸を開けると、玩具は引き戸を収める隙間のなかに入りこみ、とれなくなってしまった。

細い隙間だった。手近の棒などで引き寄せようとしたけれど、どうしても奥にある玩具はとれない。息子は思いもよらないアクシデントに泣き出してしまった。鹿島さんは、このような場合にはどうしたらいいだろうかと思いを巡らせた。

引き戸はふだんから固くて、外すとなると大ごとになってしまう。玩具はそれほど高いものではないはずだが、同じものがすぐ手に入るとは限らない。ずいぶん以前に利用した便利屋のアドレスがスマホに入っていたはずだが、相場はどれほどだったろう？

泣き声から逃れるように息子をその場にのこし、彼女は隣の食堂兼キッチンでスマホを操作しようとした。と、響いていた息子の泣き声がピタリとやんだ。

鹿島さんは居間をのぞいてみる。居間のまんなかで息子が、ちょこんと座って母親の顔を見返す。その手には、引き戸の奥に入りこんでしまったはずの玩具が——握られていた。

「○○（息子の名前）、それ……どうしたの？」

息子は、まだ涙が光っている顔で、しかしあどけなく答えるのだった。

「おじちゃんが、とってくれたよ」

息子はもうすぐ幼稚園に入る年だが、どちらかというと内向的で口数も少ない方である。

その子の説明によると鹿島さんが隣の部屋に行ったすぐあと、どこからか知らない〝おじちゃん〟が出てきた。そして、ぞうさもなく引き戸の隙間に手をさしこんで、引っかかっていた玩具をとってくれた——ということらしい。

(どういうこと?)

鹿島さんは当惑した。当然だろう。部屋には鹿島さんと息子の二人しかいない。第三者が、いるはずもない。非常に旧式で電子ロックなどではないけれど、入口のドアは、いつも神経質なほど施錠されている。だから誰かが——それがたとえ同じ棟の顔見知りであっても——ひょっこり入ってくるはずもない。昭和期の長屋暮らしなどではないのだ。だったら息子が何らかの方法で、自分で玩具を引き寄せたのだろうか?

不可能だろう。隙間は大人の腕はもちろん、息子の小さな手でも入らない。よしんばさしこんだとしても玩具にまでは、とうてい届かないのだ。それに隙間のなかは、さっきペンライトで照らしたのだが埃でいっぱいだった。そのなかにあった玩具もやはり、埃まみれになっているはず。けれど息子が持っているそれには埃ひとつ、ついていない……。

(誰かが、丁寧に埃を拭ってくれたみたい)

鹿島さんは無意識に、あたりを見回した。見回すといっても数間しかない公団住宅の一室である。ある事情で息子と、そこで暮らし始めて一年あまり。そこにはいつも見慣れたものが、それぞれ見慣れたところにあるだけで何の変化もない。

(わからないわ)

……不審ではあったけれど鹿島さんは結局、その珍事をスルーした。

彼女にはやるべきことが、あまりにも多かった。それに実害は何もなかったからだ。それどころか結果的には助かったとさえ言える。どうして助かったのかわからずじまいだとしても。

しかし、どうも珍事は、それで終わりにはならなかったらしい。それ以降、一人遊びが好きだった息子に変化が起きた。大人しく部屋のなかで一人遊びを好むこと自体は、これまでと同じだ。ただ、その合間に誰かと会話しているような声音がまじるのだ。これまで擬音のたぐいは発しても、会話調にはならなかった。それが誰かと親しげに話しているように――あたかも説明をしているように聞こえる。それも非常に機嫌よく。

「ほらね。電車がね。トンネルに入ったでしょ?　また出てくるからね」

「やっぱり、出てきたね」

「今度は×××(聞こえない)が、やってみて。橋をね。わたってね。ううん、そうじゃなくて、こんなふうにね」

鹿島さんがいっしょのときには、それはない。彼女が隣室に移動して作業をする。あるいはトイレに入る。そんな時に限って——ほんとうに仲のいい遊び相手が、そばにいるかのように。それが、あまりにも真に迫っているものだから鹿島さんは半分好奇心で、半分それ以外で息子にたずねた。

「ねえ。○○。誰と遊んでいるの?」

息子はやはり、あどけなく答えるのだった。

「おじちゃんとね」

「おじちゃん?」

「うん。ママがいなくなるとね。時々、おじちゃんが出てくるんだよ。それでいっしょにあそぶんだよ」

「……へえ。それって、どんなおじさんなの?」

息子は少し考えこんだ。言葉をさがしているように見えた。

「あのね。おじちゃんは、ぺちゃんこなんだよ」

「ぺちゃんこ?」

「うん。それで——おててがね。長くなっていて。ぺちゃんこで長いから、ほら、このまえボクのおもちゃもスキマから、かんたんにとってくれたよ。ぺちゃんこで――うんと長いからね。すっと、ね。スキマにさしこんでね」

「…………へえ。そうなの」

「あ。それから」

息子は、つけたした。

「おじちゃんはね。ココが」

自分の肩を指さしてみる。

「ぶらぶらしてるんだよ。だから――おててがね。前にも後ろにも、ものすごく曲がるんだよ。ものすごくね」

「…………」

鹿島さんは、いやでも先日、引き戸の隙間に玩具が入りこんだときのことを思いおこさずにはいられなかった。息子は、ただニコニコと機嫌よく、そんな母親を見つめている。

……ちいさな子供に空想話はつきものだ。空想の友達もそうだ。専門用語もあったはずだ。それくらいは鹿島さんも知っていた。彼女は賢明であったから息子に対して、その話を感情的になって全否定するような真似はしなかった。住んでいる公団住宅に、息子の遊び相手は今のところいない。空想であれ何であれ、息子が機嫌よく暮らしているのなら、それはそれでいいのではないか、と思う。その空想の相手に対する表現が、多少とっぴであったとしてもだ。空想の遊び友達は成長とともに消えてゆくのが、ふつうなのだから。

とはいえ鹿島さんが鬼魅の悪い思いを抱いたことも、また事実だった。目の当たりにはしていないけれど（当然だろう）、まるで自分に見えないもう一人——〝同居人〟が、すぐそばにいる気さえし始める。どこからか視線のような圧を感じて仕事中も、はっとしてまわりを見ることが増えてゆく……。

（どうかしているわ）

鹿島さんは、そう自分を戒めるのだが。

……そんな日々を送るなか、回覧板を持って彼女は同じ階の隣室をたずねた。そうしてたあいない雑談中に多少、気心の知れた同年配の隣人に、ふとこんなことをたずねてみた。隣人は、彼女よりずっと以前にこの住宅に入居していたはずだ。

「あの。変なことをおたずねしますけど。今、私の住んでいる部屋って——以前、何かありました？　世間でいう事故物件みたいなことが」

鹿島さんにとって、それは自分を安心させるための質問であった。そんなこと聞いたこともない、というありきたりの返事を期待していたのだ。しかし予想に反して相手――30代後半の婦人は、顔をこわばらせた。

「……何かあったの？」

その顔は真剣だった。鹿島さんは息子の最近の様子は伏せたうえで、さらに突っ込んだ質問をした。隣人は、しばらくためらっていたのだが。

「あのね。あくまでも聞いた話だから。そのつもりでね。この公団住宅の屋上から以前、とびおりた人がいるらしいの。わざわざ屋上設置の給水タンクのてっぺんに、よじのぼって……そこからジャンプしたって。やっぱり、ココに住んでいた男の人で――何でそんなことをしたのか、ふだんはどんな人だったのかは知らないけど。下の駐輪場は固いコンクリートでしょ。ひどいことになったんだって。ものすごい音がして、人が集まってくるでしょ。当然よね。そうしたら、その人。みんなが見まもるなかで、むくりと起き上がってね。顔も腕も胸も……潰れて、ぐしゃぐしゃなのに。信じられる？　まわりを囲んでいた人たちは悲鳴をあげて後ずさって――これも当然よね。それから、その人はそのまま、ふらりふらり歩き続けて。階段をあがって自分の部屋のドアを開けてね。そこで……倒れたっていうの。その部屋は正確にどこかは、わからない。だけど……」

そこまで低い声ながらも、ほとんど一息に語った隣人は、さらに声をひそめるのだった。

「この棟の、この階のどれかだっていうの。もちろん聞いた話だから、どこからどこまで、ほんとうなのか。たしかにこの階って住人が居つかないんだけれど。ううん、うちはここに来て数年になるわよ。何にも、おかしなことなんてないわ。でも、その間、あなたのお部屋は何度も住人が替わってるわね……」

隣人は、鹿島さんの顔色の変化に気がついたのだろう。慌てたように、つけくわえるのだった。

「あ。だからといって、あなたのお部屋が〝それ〟とは限らないし。何度も言うけれど、聞いた話だから……」

自分の部屋に戻ってきた鹿島さんは隣人の話を反芻《はんすう》する。それから、息子が言っていたことごとも。息子はこう言ってなかったか。

「おじちゃんはぺちゃんこ」

「だから、スキマにも手をさしこめる」

「肩のところが、ぶらぶらになっている」

それらは幼児の想像力の産物などではなくて、何かを指し示している気がする。もしも人間が高所から地面や、その途中に激突したならば。その体は内臓が破裂して全体が、ひしゃげるはず。

（ぺちゃんこに？）

関節は脱臼し、部分はのびて垂れさがった状態になるのでは？　そう、ぶらぶらに、だ。

……投身自殺者の遺体などは、そうなるのではないのか？

鹿島さんの脳裏には、あるイメージが浮かびあがる。自殺を試みて、なお死にきれない誰かが、ふらり、ふらりと、この棟の、この階の廊下をゆっくり歩いてくる。凄惨な光景だ。そうして自室のドアを開けて——その前の廊下に倒れこむ。

（ひょっとしたら、その場所は。もしかしたら）

ぽん。自室の居間で座り込んだ鹿島さんの肩に、背後から手が置かれた。

「ひッ！」

思わず悲鳴をあげた鹿島さんは背後を見る。息子が心配そうに彼女を見つめていた。

「ママ……だいじょうぶ？」

……独居老人を中心に〝幻の同居人〟という妄想があるという。いつのまにか自分の家や部屋に〝何者〟かが侵入している。それは家のなかを勝手に徘徊するのみならず天井や床下、はては壁のなかなど、およそありえないところに潜んでいる。お前たちには見えないのか、わからないのか——と、当人は周囲の人間に対して主張して譲らないそうだ。妄想が甚だしい場合は、警察に通報する人もいるのだと。トラブルになることも多いそれは、認知症の一症状とみなされるとも。

鹿島さんは聡明な女性である。現実と妄想とを混同したりはしない。それでも、ひょっとしたら〝幻の同居人〟が公団住宅内の自室の、どこかにいるのではないか。そんな考えに苛まれている。

すきま崎話四題　②自動販売鬼（薄情も情のうち）

宮崎さんは通勤するために自宅を出て。至近の駅に行く途中で厭な光景にでくわした。彼の家から駅までは、ほぼ一本道だ。もっとも往時の業者の、無計画な住宅販売のためだろうか。途中で道が不自然に細くなる場所があって、様々な事故が絶えない。いわゆる交通事故の頻発区域である。

宮崎さんが目にしたのは、まず車の渋滞だった。ある地点をゆっくりと迂回するようにして車列ができている。彼はこれまでの経験から厭な予感がし、それは的中した。道路の端——歩道部分に人が倒れている。

軽装の老人。

手足が異常な角度に曲がり……その頭部から流れ出した血液で、そばに血だまりができていた。周囲には数人が集まっていて、そのうち何人かは救命行為をしているようだ。スマホを片手に、どこかと話をしている者もいる。察するに老人は、この場で発作か何かで倒れたか——あるいは車両か自転車に接触したのだろう。そして倒れた際、一段高くなった歩道の縁で頭を強打したのではないか？　老人の横には飲み物の自動販売機があって、その下にも血痕が見てとれる。血は流れ出しただけでなく飛び散ったのだ。

近くには内科の医院と薬局がある。救命行為をしているのは、そこから駆けつけた看護士か薬剤師なのかもしれない。

（だとしたら、プロだな）

すぐにも救急車が到着することだろう。通報も応急措置も施されているのならば、行きあわせた宮崎さんにできることはなかった。

（駆け寄って事情を聞いても何の助けにも、なりゃしない。むしろ邪魔なだけだ。そうじゃないか？）

老人の顔は向こうを向いていて、うかがえない。宮崎さんにとっては幸いであった。朝から無惨な傷を負った顔など、見たくないというのが本心だ。見てしまったなら終日、気分が悪くなるだろう。それでなくとも仕事でストレスを抱えている身だ。

多少のうしろめたさはあったけれど、宮崎さんは、その場を素通りした。無責任な野次馬としてその場にとどまるよりマシと自己正当化しつつ。彼は小声でこんなことを、つぶやくのだった。

「薄情も情のうちってね……」

　それから半月ほどが経過した。宮崎さんの日常はあまり変わらない。疲れ気味に勤め先に行って、疲れはてて帰ってくる。あの事故が、どうなったかもわからなかった。俯瞰《ふかん》視点で見れば大したことではない。ニュースとしての価値もないだろう。自宅の至近ではあったけれど、近所づきあいのない彼の耳には何も入ってこなかったし、ネットで検索するほどのことでもない。老人がどこの誰であろうと、また、その生死も彼には関心外であった。大多数の人間がそうであるように。

　ただ、その現場――自動販売機の設置場所は通勤の行き帰りに通過することになる。誰かが掃除したものか、あの血だまりや飛び散った血痕は翌日にはなくなっていた。けれど、シミが残っているような気もする。余裕のある歩道の幅ではなかったけれど宮崎さんは、できるだけ車道の方にはみだしてそこを通った。血だまりのあった場所を踏みたくなかった。踏むのは縁起が悪いような気がして厭だった。彼は不快な記憶と直結してしまった自動販売機を、忌々しく思う……。

（いっそ――撤去してくれないかな、こいつを）

　そんな日常を送って、いつもよりはずっと遅くなってしまったある夜。その厭でも通らざるをえない自動販売機の横を足早に過ぎようとした時——。

かしゃ～～ん！

（あっ）

片方の手に持っていじっていたスマホのストラップが、どういうわけかはずれて地面に落ちた。それはアスファルトの上ではねかえると例の——自動販売機の下にある隙間に入ってしまった。

（畜生！）

宮崎さんは毒づいた。よりにもよって、この場所——しかも自動販売機の下にもぐりこむなんて。〝あの時〟の血しぶきの記憶が、脳裏によみがえってくる。安物のストラップなら、そのまま放置してもよかった。しかし、それはある懸賞に応募して当たったものだった。純粋な値打ちはともかく、彼には思い入れがあった。

他に通行人が皆無の道路際で宮崎さんは、しかたなくしゃがみこむ。

自動販売機は設置する地面がどうあれ、本体を水平に保つべく基礎がつくられるのが一般的だ。その上に置かれるために地面からは浮いた格好となり、5センチから10センチほどの隙間ができる。

宮崎さんは、その隙間に手を入れた。もう一方の手に持ったスマホを懐中電灯がわりにしながら。

(どこだ。どこにいった？　奥の方に入りこんだのか？)

わけのわからないゴミや――あるいは、いやらしい虫が、いてもおかしくない。綺麗好きの彼には耐えがたい。

ぐにゃり。

手の先が、何かに触れた。

「へっ？」

目当てのストラップでは、もちろんありえない。かといって紙屑や石ころなどでもない。中途半端に、それはやわらかい。そうして指先の感触では冷たかった。とても――冷たい。

「なんだ、コレ？」

宮崎さんは、さらに体を傾斜させて隙間の奥をのぞきこんだ。スマホの明かりの向こう――隙間の奥に何かが見える。

「……!!」

人の頭が横向きになって、そこにあった。

たとえ10センチ以上の隙間があったとしても、両側にはコンクリートの基礎がある。別の方向から頭部を隙間に入れるなんてことは不可能だ。骨格を完全無視して、体を折り畳む——などという真似でもしないかぎり。なのに、その頭は実際そこにあって宮崎さんを凝視しているのだ！　暗く狭い空間なのに、その頭が、べっとりとした液体に、まみれているのが宮崎さんにはなぜか、はっきりと見てとれる。

「非道いな……」

どこからか、陰々とした声が宮崎さんの耳に入ってくる。

「非道いよ」

「薄情も情のうちだなんて」

「非道いことを言うね……あんた？」

良心の呵責というものが、時にありもしないものを人に見せる。そういうことも皆無とは言えない。宮崎さんは、それなり以上に長期の〝休職〟のあとで職場に復帰はした。ただ彼の通勤コースはそれまでと異なって、大幅かつ不自然な迂回コースに変化した。それから職場等でしゃがみこんで物をとらなければならない場合、彼は一時的であってもとり乱すことがある。

すきま畸話四題　③紙幣が、はさまっている

橋本君は大学卒業後、大阪中心部の某企業に就職し――以来、社の独身寮で暮らしてきた。

そして、そこで暮らしているうちに体調不良に悩まされるようになってしまった。医者に行っても原因不明でおわりだ。あたりさわりのないアドバイスはあっても、役に立つ治療はない。それなのに診察代は、しっかりととられる。同じような経験で不快な思いをした人間は、きっと多いことだろう。

世の中には設備が劣悪な寮がある。一時期、問題になったシックハウスのたぐいがそうだ。が、橋本君が暮らす寮は設備等に欠陥はない。故障なども、ほとんど起こらない。高級とは程遠いものの劣悪などでは、けっしてない。だが、建物自体は旧《ふる》かった。入寮したとき、第一印象で橋本君は妙に陰気なところだと感じた。たとえ快晴の日であっても建物内、とりわけ橋本君の部屋は暗くて陰鬱だ。窓に何か大きな――えたいのしれない〝モノ〟が、ぶらさがっていて驚かされた経験もあった。

橋本君の部屋に以前、入寮した者がコンビニに行くと言って……そのまま姿を消してしまった――などと怪談じみたことを、うちあける先輩社員もいた。さすがにそんな話は鵜《う》呑《の》みにはできない。

橋本君は常識人だ。体調不良の原因が暮らしている建物や部屋にあるとは思ってない。心霊現象と世間で呼ぶ何かに、連想を直結したりはしない。仕事上のストレス、人間関係、食生活……このご時世、世間に原因候補は山のようにある。とはいえ彼は陰気な住居を替える――つまりは寮を出ることによって生活をリセットしようと決意した。物入りではあるけれど、それで少なくとも気分は刷新できるかもしれない、と考えたのだ。

寮から出るために、部屋のなかを整理して荷造りをしていた時。

「あれ？」

部屋に備えつけの棚のまわりを片づけている際に、橋本君はそれに気づいた。

棚は壁と密着していない。1センチほどの隙間があいている。両側に乱雑に物を積み上げていたため、まったく気がつかなかったその隙間の少し奥に、何か挟まっている――ように見える。彼は好奇心からペンライトで隙間をうかがってみた。挟まっているものは、どうやら紙の束に思える。書類などではない。薄い文庫本――いや、もっとちいさい？

（ひょっとして札束？　いや、まさかなあ）

寮は出入りが頻繁である。当然、この部屋の住人も何人も替わっている。前か、あるいは前の前の住人が、へそくりでも隠したのだろうか。

（いまどき、あまりにも安直な隠し場所だよな）

それに仮に紙幣の束だったとしても、そのままにしておくというのは解せない。ともあれ橋本君は使い捨ての割りばしで、それを引っ張り出した。掃除など長年されたこともないであろう隙間から出てきたのは、大量の埃と何重にも折りたたまれた〝紙幣〟――ではなく〝紙片〟であった。

（なんだ、つまらない。カネかと思ったら紙きれか）

それでも橋本君は埃を払ってそれを広げてみる。それは新聞広告ほどの大きさの一枚の紙であることがわかった。そうして、その表面は……真っ黒に見えた。

（？）

部屋自体が陰気にうす暗いこともあって最初は、よくわからなかった。しかし、紙一面に何か――点描のようなものが書かれているようだ。つまり、〝字〟が。

橋本君は荷造りしかけていた荷物から、わざわざルーペを持ってきて、さらによく確認し……驚愕した。

「死ね」

という字が、そこにあったのだ。1ミリ？　いや、もっと小さいだろう。それが、何百、何千、ひょっとすると万単位で書き連ねられている。紙の表面を覆いつくしている！　だから……黒っぽく見えたのだ。点だと思ったのは、字であった。

「死ね」「死ね」「死ね」「死ね」「死ね」「死ね」「死ね」「死ね」「死ね」「死ね」「死ね」「死ね」「死ね」「死ね」「死ね」「死ね」「死ね」「死ね」……。

もちろん、それらは印刷物などではない。手書きだ。そして、これほどの微細な文字はボールペンなどでは書けない。おそらく針か何かの先に、インクをつけて一文字づつ埋めていったのだ。いったい、どれだけの手間と時間がかかるものか、見当もつかない。それにだ。よくよく見れば、それらの字は黒ではない。あまりに密であったため黒っぽく思えたのだけれど、一つ一つは茶褐色なのだ。ひょっとしたら……。

「こいつ……まさか血で書いたのか？　だとしたら、自分の血？　それとも」

橋本君は思わず、そうつぶやく。これを書いた者が何者なのかはまったくわからない。彼以前に、この部屋に住んでいた者か、あるいはその関係者なのか。どういう意図で書いて、なぜこんな隙間に押し込んだのか。そして書いた当人は現在、どこでどうしているのか。

　わからない。わかるはずもない。が、その紙が静かに放つ執念。いや、怨念じみたものが橋本君の体温を急低下させる。

「こんなものがある部屋で、自分はずっと――寝起きしていたのかよ……」

「死ね」「死ね」「死ね」「死ね」「死ね」「死ね」「死ね」「死ね」「死ね」「死ね」「死ね」「死ね」「死ね」「死ね死んでしまえ」

　ぎしっ、と部屋のどこかで何かが軋む……。

　橋本君は新住居にて生活を再開して体調もよくなってきている。〝紙片〟の方は、発見した後でおそらく処分したと思われる。どんな処分かは不明だが。あの、とほうもない字に込められた何らかの〝障り〟を畏れて、元あったところに押し込んですました。そのような、ことなかれ主義は……ないはずだ。

　たぶん。

すきま畸話四題　④猫には視えている……

金山さんは日本海沿いのI県某市内で独り暮らしをしている。彼女が暮らしているのは独身者が多い老朽化したマンションで——同居人は飼い猫が一匹。メスの雑種で飼い始めて数年になる。

それは、その猫の奇妙なしぐさから始まったらしい。マンションの金山さんの部屋には押し入れがあった。襖紙の貼られた引き戸がついた何のへんてつもない代物だ。彼女はそこに、ふだん使用しないものを入れていた。

しかし、いつからか……飼い猫がその押し入れを時折、じっと見つめていることに金山さんは気がついた。飼っている方はおぼえがあると思うが、猫というのは人間が気づかない何かを見つめていることがある。それは窓の外にいる近所の猫や雀等の小動物であったり、あるいは部屋の中に迷いこんできた虫であったり様々だ。そして時にはそこに何もいないのに、あたかも何かがいるかのように一点を見ていたりもする。

金山さんも、そのことは心得ていたから最初は気にもとめなかった。が、そのうち彼女の飼い猫に限って言えば、そんなしぐさをする対象が、ほぼ決まっていることがわかってくる。……押し入れだ。猫はいつも、戸が閉まった押し入れを見ていた。その戸の向こうに何か興味を引くものがいるみたいに。たとえばネズミ。たとえばゴキブリ。ムカデ。クモ。あるいは、それ以外の何か……。

（押し入れに……押し入れのなかに何か、いるのかしら？）

金山さんは、猫のたびかさなる様子からそう思わざるをえなかった。猫は、じっと、押し入れを見つめる。しかし唸りもしなければ近づきもしない。獲物やおもちゃになりそうなものならば、近づいて押し入れの戸を引っかきそうなものだけれど、そんなことはしない。そして、その視線は最初、押し入れの下の方から始まって、じょじょに上に移り、天井近くなったところでとまるのだ。まるで、何かが押し入れのなかを移動していて、それを追っているように思える。

金山さんは猫のしぐさの途中に、何度か押し入れを開けてもみた。ほんとうにネズミや害虫のたぐいが潜りこんでいるのなら駆除が必要だ。だが何も見当たらない。第一、小動物が動きまわる物音など聞こえない。

（おかしい。だったら、この子はどうしてこんな真似をするのだろう？）

金山さんが押し入れの戸に手をかけると、猫は興味をなくしたみたいに、ぷいとよそを向いてしまう。その様子は追いかけていた何かが、どこかに行ってしまった——とでも言いたげだ。人間に個性やクセがあるように、猫にもそれはある。金山さんは一連のしぐさを飼い猫のクセだと思うことにした。実際、他に考えようがない。

けれども。

いつものように飼い猫が押し入れを見ている際。金山さんは数センチほど、押し入れに隙間ができていることに気がついた。彼女は押し入れをいつも、きちんと閉める性分で、押し入れの戸に隙間をのこすのは、生理的に厭だった。なんとなく薄鬼魅悪いものだ。だから——そこに隙間ができているのを、彼女は訝しく思った。

（私は、いつもどおり、ちゃんと閉めたはずなのに）

そして視線を飼い猫に移すと、ふだんは押し入れの下の方を主に見つめる猫が、その時に限って〝上の方〟を見ていた。猫の首はだんだん下がって、その視線は下に降りてくる。金山さんもつられて、もう一度、押し入れの隙間に視線を持ってゆく。すると。

隙間のなかに……顔があった。

白い、子供の握りこぶしほどの大きさの顔だ。あかんぼうのそれにも見える。しかし、独り暮らしで未婚の女性の部屋の押し入れのなかに、あかんぼうがいるわけはない。

加えて握りこぶしほどの大きさの子供の顔は、あかんぼうにしたって小さすぎる。早産か、もっと特殊な状態のあかんぼうでないかぎり。

目は、まっくろだった。黒いガラス玉のようだ。それが、こっちを見ていた。金山さんと——その飼い猫を。猫もまた、顔をじっと……。

そして。顔は隙間の向こうに、溶け込むようにして見えなくなった。

「……!?」

金山さんは全身が、知らないあいだに汗だくになっていることに気がつく。何か答えがやっと見つかった気がする一方で、その答えが答えになっていないこともわかっていた。

「……にゃあぁぁぁぁあ」

飼い猫が足もとで彼女の顔を見上げて。か細く鳴いた。

金山さんのマンションの自室の片隅には、押し入れに入れていたもの全てが引き出されて積み上げられている。あの後、さんざん躊躇《ちゅうちょ》した末に押し入れをくまなくチェックしたけれど、何も……何一つ見つかりはしなかった。

今現在、その押し入れには強力な粘着テープで幾重にも〝目張り〟が施されている。経済状況その他で容易に住まいを変更することができない金山さんにできるのは、それくらいであった。押し入れのなかは空で、彼女が触れるのを神経症的に避けている以上、隙間ができることはもうないはずだ。

飼い猫は、あいかわらず押し入れを見つめることがある。〝目張り〟をする以前も以降も、その頻度にあまり変化はない。

食べ残し

ＯＬの松下さんはその夜、営業先から直帰だった。

あるターミナル駅まで来ると空腹でたまらなくなってしまった。自宅まではまだ、ゆうに１時間以上はかかる。そこで彼女は、駅の構内にあるファストフード店に入った。閉店間際で店内は閑散としていたらしい。カウンターでオーダーしたものを受け取った松下さんは、店内の隅の方の席に座った。

（あれ？）

隣のテーブルの上に、トレーが置いたままになっている。

誰かがちょっと席をはずした――わけではない。トレーの上は使用後の紙ナプキンが散乱し。店がくれるお手拭きが、ぐしゃぐしゃになって袋といっしょに捨てておかれている。

誰かわからないけれど、この席で飲食した者が放置したまま店を出ていったのだろう。トレーは所定の位置に返却し、ゴミは分別してゴミ箱に入れるのが最低限のマナーだが。

（どこにでもいるわよね。マナー全無視の人って）

松下さんは苦々しく思った。不愉快ではあるけれど、いまさら席をかわるのも面倒だ。閉店時間も迫っている。さっさと食事をすまして、自分も立ち去るに限る。そうなのだけれど、隣席のトレーの上にあるものは、何か――おかしかった。

（これって……？）

簡易な皿と割りばしが、トレーの上にある。割りばしは当然〝使用後〟状態だ。皿は百均ショップで見かける代物で、やや深みがある。そのなかには食べ残しだろうか？　うすもも色の汁が半分ほどあった。どろっとしていて……中華料理でいうところの〝あん〟にも見える。

だが、この店のメニューに中華あんかけなどは、ない。中華でなくとも汁物などは、そもそも売っていない。だから、こんな皿は出さないはずだ。割りばしも店側が置いているかどうか怪しい。

（そうすると客が持ち込んだの？　わざわざ、ここで食べるために？　持ち込みは当然、おことわりでしょう？）

松下さんに違和感をおぼえさせたのは、それだけではない。皿に残っている汁に、何か浸っていた。黒っぽくて……束になっていて。ぐねぐねぐねぐね、ととぐろを巻いている？

（モズク？）

食材のモズク――いや、ちがう。こんなに黒くて、しなやかなモズクはないだろう。では何かというと松下さんには、それが人の髪の毛に見えた。男女どちらかはわからない。が、かなりの量の束になった人毛。それが粘液じみた汁のなかに、とぐろを巻いて浸かっている……。

（人の髪の毛だなんて――まさか！　誰かが、こんなものまで持ち込んだっていうの？タチのよくない悪戯のため？　いえ、これって悪戯――で、すむの？）

さらに毛髪以外の別のものも見えた。

（卵？　まるっこいものが。でも、汚い白さで。白い……え。えっ？）

「失礼します」

店内を巡回していた女性店員がそばにやってきて、松下さんが見入っていたトレーを持ち上げた。そしてテーブルの上をさっと清拭する。

店員はトレーの上のものに注意をはらわなかった。顔もしかめない。驚いたそぶりなんか、ない。本来、あるはずもない皿。そうして正体のわからない、その中身に対して。

（気にしていない。いえ、ひょっとしたら気づいていない？　でも、そんなはずはない。

本物であれ偽物であれ――皿に入ってるのが髪の毛なら、気づかないなんて嘘だ。この人、目の前にあるモノが、まるで見えていないみたい……）

松下さんは、ハッとする。持ち上げられたトレーの皿のなかで一瞬。どろんとした白さの丸っこいものが――。

ぐるん！

向きを変えて。彼女の方をにらんだ――気がした。

……松下さんはせっかくオーダーしたものをその場に残し、店を飛び出した。食欲が吹き飛んでしまっただけでなく猛烈な吐き気に襲われて、今度は構内のお手洗いに飛び込むハメになってしまった。彼女は自分が見た――かもしれないものに自信が持てない。けれどもアレが、たんなる不心得者の〝食べ残し〟だとはどうしても思えなかった。

コインランドリー

西日本のW県、私鉄N線某駅。寂れてシャッターばかりが目につく商店街のはずれに、そのコインランドリーはあった。

三角形のスペースで、道路に面した側は大きな強化ガラスが連なっている。だから中の様子は外からでもよくわかる。コインランドリーとしては小規模であったけれど、近辺ではある意味、有名だった。というのも、そこの初老のオーナーが変わっていたのである。

商店街がまだ隆盛だった頃、その町に流れてきたというが誰もそれ以前を知らない。独り暮らしのはずだが、ずっとそうだったのかはっきりしない。偏屈で極端なほど、人づきあいというものをしない。コインランドリーを始めるまで、どうやって生活していたかも不明だそうだ。流れてくる以前は幼い息子がいたが、虐待の末に家庭崩壊してしまい、しかるべきところに入っていた——という出所のわからない風聞もあった。

そんなオーナーが経営しているコインランドリーには、内部のあちこちに業者に注文したであろうボードと貼り紙のたぐいが、ところせましと並び続いていた。機器の使用上の注意だけではなく、スペース内での心得やら禁止事項やらが、それはもうことこまかに列挙されているのだ。無視して使用し、見つかったならソッコー出入り禁止である。

オーナーは、とりわけガラスの汚れが我慢できなかったようだ。自ら掃除用具一式を携えてスペースに出張り、ガラス掃除をする姿がよく見られた。掃除は床に接する部分や、手の届く範囲だけではない。脚立にのって文字どおり、一分の隙もなく拭いてまわる。昼でも夜でも、お客がいようといまいと関係なく、だ。

近辺には当時、大きな洗い物まで持ち込めるコインランドリーが他にはなかった。そのため、それなりに繁盛していたという。

だが、日に日にオーナーのガラス掃除の頻度が、尋常ではなくなっていったらしい。それまで週に1、2回であったのが、ほとんど毎日。さらに日に何度もガラスを拭いてまわる。時には一日中。ここまでくると、きれい好きや神経質をとおりこして偏執的だ。さらにオーナーはガラスを拭きながら、ひとりごとを間断なくつぶやいた。正確に聞き取れる者はいなかったけれど、まるで呪詛《じゅそ》のように。

そこには洗い待ちのための簡易な椅子が何脚かあった。しかし客は皆、外で時間を潰していた。それはそうだろう。間断なく聞こえてくるオーナーのひとりごとに加え、お客を押しのけるようにして行われる清掃。たまったものではない。そもそも、そのガラスだが——誰が見ても、汚れているようには思えない。たしかに、このテのガラスは鳥の糞や光を慕う羽虫のたぐいで、たいへんなありさまになる場合もある。が、それはガラスの外側の話だ。だがオーナーはなぜか、その外側には手をつけようとしない。彼が異常に磨くのは、常に内側なのだった。ガラスの状態に偏執しているのなら、これはどうにも片手落ちである。

それで常に渋面のオーナーに、ある人がたずねてみた。何で、そんなにガラスを磨くんですかと——。

「あんたみたいに行儀のイイやつばかりじゃないからな。お客のなかには、それこそ何を考えているのかわからない手合いがいる。いつのまにか……ガラスにべたべたした、汚い手形をつけやがる。あっちにも、こっちにもな。どうやってるのか知らないが、ガラスのてっぺんから……下までだ。べたべたべたべた。それどころか、顔を——顔面を押しつけたりしやがる。顔のあぶらだか何だか知らないが、それはもう、べったりと！　ああ、厭だ厭だ厭だ厭だ厭だ…………」

オーナーは渋面をさらにしかめて、そう言うのだ。しかしオーナーの言う手形だの顔を押しつけた跡だの、そんなものはどこにも見当たらない。ガラスはピカピカに光っている。少なくとも、スペースのあるその内側は。

「見えない？　見えないだって？　はっ。あんた、バカかい？　ここにも。ここにも。ここにも！　べたべたべたべた、あるだろうがっ！」

オーナーは自分の主張が否定されると、充血した眼で叫ぶのだ。むきだした歯は狂犬さながら。指摘をした者が思わず外に逃げ出すほど、その形相はおそろしかった。

そしてまたオーナーはなにごとかつぶやきながら、掃除を再開する。

「いつもいっつも、オレの知らないあいだにつけやがる。いつのまにか、つけやがって。糞。オレを見張ってやがるんだな？　どこからか四六時中、カメラやら何やら仕込んで監視しているんだな？　糞。わかってるぞ。わかってる。オレにはわかってるんだ。糞。オレを出し抜いたつもりでも、そうはいかない。どこのどいつかしらないが、みてろよ。この野郎。見てろよ………」

ガラスを拭く手が上下左右に動き回る。

偏屈や偏執的の次にどんな言葉が来るものか。周囲の人たちはある四文字言葉を使用していたようだが。それはともかく、そのコインランドリーを使用する人間がゼロに近くなっていったのは、自然のなりゆきだったろう。まもなく潰れてしまったことも。誰一人――客が来なくなってしまっても、しばらくの間。道路からは一心不乱にガラスを磨く、オーナーの姿を見ることができた。昼も夜も。人によっては痩せほそったオーナーのすぐそばに、もう一人小柄な誰かがいたと主張する。

なぜか、年齢性別や人相を説明できる者はいない。何でも〝もう一人〟は、常に向こうを向いていて、忙しなく動き回っていたらしい。オーナーがガラス拭きの手伝いに、バイトでも雇っていたのだろうか？

それにしては清掃道具を持つこともなく、当然ガラスを拭こうともせず。脚立に乗ったオーナーの前や後ろに回り込んで、邪魔をしているようだったとも。人間は脚立から落ちただけでも打ちどころによっては体が不随になったり、甚だしい場合は生命にかかわることもある。にもかかわらず……。

しかも客でさえ自分の思うとおりにならなければ追い出したオーナーが、なぜかその〝もう一人〟を怒鳴りつけるそぶりすらなかったとか。

その後のオーナーの消息は不明だ。ある意味有名な彼が姿を消したことは、しばらく町内の話題にはなった。どこか遠方に行った――という一方、コインランドリーのあった場所の前に、ぼおっと佇んでいる姿を見たという人もいる。深夜帯に道路の端で、更地になった場所を眺めていた。その顔は燐光を放ってるのかと錯覚するほど、白茶けていた——と。

そばには誰だかわからないが〝もう一人〟いて、放心状態のオーナーの脚や腰のあたりを、しきりに握りこぶしで殴ったり、抓るようなしぐさをしていたとも。それでもオーナーは、力なく口を半開きにして前を眺めるだけだった——と。

その〝もう一人〟は、小柄で向こうを向いていたそうである。

その理容店は一度きり

奈良県在住の加納さんが、その理容店に入ったのはたまたまであった。

休みの日を利用して、長年通っていた一〇〇〇円カット理容を訪れたら——おろされたシャッターに〝閉店〟の事情を記した紙が貼られていた。最近では珍しくもない話である。昨日までやっていた居酒屋や焼き鳥屋。大衆食堂に個人ラーメン店。次々と姿を消してゆく。

飲み食いはともかく散髪は重要だ。自分ではなんともしがたい。仕事にさしさわりも出てくる。加納さんは、「長い間のご愛顧、ありがとうございました」と書かれた紙を前に考えこんだ。

（どうしようか。そういえば……線路向こうにも理容店があったな。うん。そうだ。こんなところにもあるんだな、と思ったんだった。県道から離れているし、線路向こうには用がないから忘れていた。あのあたりは他に店なんか、ないもんな。ただ、安いかどうかわからないなあ……）

加納さんは、方向を転じてさらに5分程度歩いた。記憶どおりの場所に、その店はあった。営業しているようだ。彼はその理容店に入った。

店内は広い方だ。バーバーチェアも4脚ある。けれど客は他に誰もいない。スタッフの姿も眼鏡をかけた男が一人きり。大きなマスクをしているので年齢や顔つきは、よくわからない。若くはないようだが——あるいは、この男が店主なのかもしれない。

しかし加納さんにとって男の顔つきや年齢などは、どうでもいいことであった。カットだけできるか、とたずねると男は、「もちろん」と、答えた。料金も安い。それで加納さんは、そこのバーバーチェアに身を預けて〝一通りカット〟を所望したのだった。

男の腕前は、なかなかだった。

(これはいい。前の店と、さほど変わらない値段で、この腕なら上出来だ。イイ店を見つけたな。うん。これからは、こっちに来るかな……)

〝一通りカット〟があっという間に終わると、男は髭剃《ひげそ》りセットを持ってきた。

「ん？　カットだけでいいんだけれど。髭剃りは別料金になるんじゃないの？」

「は？　いいの？」

男は質問に質問で返してくる。

「いいの、とは？」

「頭のうしろに――ついてるよ。お客さん」

（ついてる？）

どうにも会話が、かみ合わない。

「まあ、いいや。それって料金は、どれだけ増しになるんだい？」

男は目を、ニッと細めた。

「ついてる人の場合はサービスだね。うしろしか、あたらないし」

サービス？　ついてるというのは他のお客がいないから、特別にやってくれるということだろうか。

（ツキのことかな？　タイミングとか――運か。そいつがツイている、と）

カシャカシャカシャカシャ。

慣れた手つきで泡がたてられる。男は加納さんの、首のうしろを剃り始めた。そして納得しかけた加納さんに向かって、目を細めながら言うのだ。第一声からそうだったが男の声は、トーンが高い。

「あぶなかったね、お客さん」

「え？　何が？」

「いやね。ついてるヤツだけどね。こいつは厄介だよ。みんな、気がついていないからね。うちはさあ、ほら。カミソリも逸品でね。ついてるヤツは、ひかりものを嫌うからね」

（ひかりもの？　何を言ってるんだ、この男……）

加納さんは、またしてもかみ合わなさを感じる。ついてるというのは運の話じゃなかったのか。と、すると。自分の首のうしろに何か――実際に、くっついているとでも？　ゴミ？　それとも何か……粘着物？　誰かの悪戯で気づかないうちにガムのたぐいでも、つけられていた――とでも？

加納さんが鏡越しに背後をうかがっても、目を細めた男が、カミソリを動かしているだけだ。それだけだ。ふつうだ。しかし……。

「ついている人って、多いよね。最近はアレだ。大変な時期だしね。世間も荒んでる。みんなとんがってしまってさ。ピリピリして。ちょっとしたことで喧嘩とか、珍しくない。そういったことも関係あるのかな？　うん。けっこう多いね。存外、多いね。うんうん。みんな――何と言ったらいいのかなあ。そんなこんなでつかれやすいのかもしれないねえ……」

男は独特の口調で、しゃべり続ける。

(つかれやすい？　疲れやすい——のなら日本中、全員、そうだろうけど)

ゾリゾリゾリゾリゾリゾリゾリゾリ。

「……でね。みんな、気がついていないんだよな。それでまあ、こーいうものを、店のなかにまで持ち込んでくる。厭だねえ。正直に言えば、うんざりする。うんうん。でもジブンはね。こーいうのを放っとけないタチでね。よろしくないものは、きちんと、落とさないとね」

(落とす？)

加納さんは、男の会話——というよりも独白に、ついていけない。

(いったいぜんたい何を言っているのだろう、この男は)

「人によってはね。何と言うのかな。そうそう、皮の下にまで潜りこんでいることがあるけれどね。うんうん。それはもう滲みこむようにしてね。厭だねえ。ああ、厭だ。いやだ。イヤだ。そーいうのを完全に落とそうとしたなら——肉をえぐらなくちゃいけなくなる。まあ、そんなことをしたら命にかかわるからね。場所が首のつけねだし。ジブンも、ほどほどにしておくんだけれど。うふふ」

「………」

「ああ、そうだ。『なんてことをするんだ。血が、こんなに出ているじゃないか！』と怒りだす人も、なかにはいたっけ。ああ、なあんにもわかっちゃいないんだよな。うふふ。みんな、なあんにもわかっちゃいない。うふふ。こっちは——ジブンは善意で、やっているのに。義侠心《ぎきょうしん》てヤツでね。うふふふふ」

マスクの下で含み笑う男。冗談にしては、まぎれこむ単語は物騒このうえない。加納さんには男の言っていることが、まったく理解できない。

（何だって？　えぐるだって？　血だって？）

髭等を剃る際に手元が、くるったことでもあったのか？　そのことを言っているのだろうか？　もしもそうなら？

（そんな人間に首の後ろをあずけたくはない。また過去に、そんなことがあったならば——ただではすまないだろう。この男は、ぜんたいどういうつもりで、こんな話をするのだろう。悪趣味で、つくりばなしをしているのかもしれない。本人はブラックジョークのつもりなのかもしれない。しかし。いや、もしかしたら………？）

ゾリゾリゾリゾリゾリゾリゾリゾリゾリゾリゾリゾリゾリゾリゾリゾリ！

加納さんは脇の下から、冷たい汗が流れ落ちているのを感じていた。首筋のカミソリの刃の動きが気にかかる。押しつけられるカミソリの感触が——おそろしく気にかかる。

「うふっ。うふふふふ。ジブンは善意でやっているのにね。みーんな、わかっちゃいない。いないんだよ。うふふ。うふふふふふふ」

男が含み笑うたびに鏡越しに見えるマスクがふくらんだり、へこんだりする。その目は細められていて一見ふつうだ。ふつうに見えるからこそ——加納さんは、おそろしかった。

「はい。おしまい。おつかれさま」

「…………」

どこからか蒸しタオルを取り出して、加納さんの首のうしろを拭う男。加納さんはバーバーチェアから降りる際、その場に倒れそうになった。が、気力をふりしぼって、なんとかそれをこらえる。彼は、そのまま、ギクシャクした足取りでレジに向かった。全身、汗みずくだった。下着がべっとりと、身体にはりついているのがわかる……。

(倒れるな。今、倒れちゃいけない)

「うちはポイントカードあるんだけれど。わたしておこうか。お客さん、うちは初めてだよね？」

「いや…………いらない」

「あ。そう。じゃ、これ、お釣りね。これからもご贔屓《ひいき》にね。ああ、それから」

男は一瞬、真顔になった。

「できるだけ、ついてるものを持ち込まないように……ね、お客さん？」

加納さんはギクシャクした足取りのまま、その理容店を出た。そうして斜めに道路をわたって、電信柱の陰で盛大に嘔吐《もど》した……。

ついてる。

……男が連呼したそれが、ひょっとすると〝憑いてる〟という意味ではなかったか？

加納さんがそう思いいたったのは、ほうほうのていで自宅にたどりついてからだ。男には、男にしか見えない——わからないものが視えていたのかもしれない。もっとも、二度とその理容店に行く気が起こらない彼にとっては、至極どうでもいいことだが。

ATMコーナー

大阪のミナミで働いているという山口さんは語る。

「ミナミの……ああ、場所は言わへん方がええかな。用があって、ある銀行のATMコーナーにおったんやけど。けったいなめに、おうてなあ……」

以下、山口さんの関西弁は承諾のもと変換させてもらって綴る。

すでに夕刻で、窓口につながる通路にはシャッターがおりていた。コーナー内は閑散としていた。

ドタン！　ガタン！

ATM画面のタッチパネルを操作していた山口さんは、突如響いた音に驚いた。機械が動作不良で異常音をたてたわけではない。左右には仕切り版があるのだが、どうも右側の仕切りの向こう――おそらく三つくらい向こうのブースで、誰かがATMの機械を殴るか蹴るかしているようなのだ。

（おいおい。何だっていうんだよ。まさか操作がわからないとか手順を間違えたのに腹をたてて、やつあたりで機械を蹴ってるんじゃないだろうな。大昔のテレビじゃあるまいし。いまどき子供だってそんな真似はしないって）

打撃音――としか思えない不穏なそれは、何度も響いた。仕切り板まで蹴っているようだ。

ドン！　がごん！　がごごん！

（どんなヤツだ、向こうにいるのは？　まあ、アブナイ奴にはちがいないだろう）

仕切り板の向こうは微妙な角度の関係で、うかがえない。が――人の気配はする。

数歩さがれば〝不良客〟の姿を確認はできるだろう。いや、なんとなく、うす黒い影がチラチラしている。けれども山口さんは、はっきり見たくなかった。見るということは、こちらも見られて――トラブルになりかねない。

たんに深い考えもなく前の車両を追い抜いた――ただそれだけで殺人的な〝アオリ運転〟に巻き込まれる、今日この頃。君子あやうきに近寄らず。これ以上に重要な護身術はない。

（賢い人間は立ち向かわない。逃げるが勝ちだ。まったくそうだ）

ヒヒヒ。

（？）

ヒヒヒ……ひひひ。……ひひひひひ。

甲高い笑い声が伝わってくる。

（向こうにいるヤツが笑っている？）

アブナイ奴どころか――正常からは、ほど遠い相手のようだ。山口さんはATMコーナーから早く出たかった。処理が終わるのはもうすぐだが、つのる焦燥感で自分の方が操作盤を殴りつけたくなってくる……。

ガチャリと、通路におりているシャッター横の扉が開いて。中年の女性店員がATMコーナーに入ってきたのは、その時だった。〝不良客〟のふるまいを監視モニター等で確認した店員が、諌めるためにやってきたのだろう。山口さんは、そう思って気が少し楽になる。

（しかし――こういう場合は男性店員が最低二人で出てくるのが、ふつうじゃないのか）

その女性店員はなぜか、〝不良客〟が立っているはずのブースを素通りして、まっすぐ山口さんの方にやってきた。その顔色は悪い。

「あの」

「は？」

「あの、お客様。ぶしつけですみませんが」

「はあ」

妙な展開に山口さんは、気の抜けた声を出してしまう。

「何か——見ませんでしたか？」

「？？？？」

「何か、ここで。たった今、見ませんでしたか？」

(何を言ってるんだ、この店員？　不良客の粗暴な行為の目撃者になるかどうか、確認しているつもりなのだろうか？　そもそも、そんな必要があるのか？)

監視モニターに映っていたのなら、それで証拠は十分だろう。山口さんは、そう思いつつ数歩、後ろにさがった。これまでは仕切り板のかげんで、向こうのブースに立っている相手は確認できなかった。いや、あえて確認することは避けた。しかし援軍が到着した今、こうすればその相手が確認できて説明も——。

(なっ？)

右側の仕切り板の向こうに並んでいるブースは……すべて空いていた。人の姿なんか見当たらない。まったく、ないのだ。

（しかし。あの打撃音も笑い声も、間違いなく聞こえたぞ。それに……うす黒い影もだ。だったら、そいつはどこに行った？　あれからコーナーの自動ドアは一度だって開閉しちゃいない。神経を集中していたから動いたなら、すぐわかったはず。ということは……）

「あの」

山口さんの思考の乱れをよそに、店員はなおもたずねてくる。その顔色は、ますます悪い。血の気が引いていて――まるで白い紙のようだ。

「お客様。その、妙なことをおたずねしますが。その、こちらの機械を操作中に後ろから。いえ、上の方から、のぞきこまれるようなことは、なかったでしょうか？　そんなことは、ありませんでしたか？」

（背後や――上から、のぞきこまれるだって？）

上というのは仕切り板の上に顔を出して、ということなのか？　それをしようとすれば脚立でも持ち込まないと無理だろう。銀行のＡＴＭコーナーで、わざわざ脚立に乗って隣のブースをのぞきこむ？　そんな意味のないことを、どこの誰がするだろう？

（しかし。たずねてくるということは、モニターで見ていた側は何か認めた？　いや――ここで、何かあった？　これまでに？）

ふだんならば向き合っている店員の正気を疑うところである。だが、その時の山口さんは——そう思わなかった。

誰も立っていない——空虚に並ぶブースから圧が来る。山口さんは、何回か口を開きかけては閉じるのを繰り返し。右側のブースを指さそうとして、それも思いとどまり。結局、この台詞をつぶやいていた。

「いや……別に。何も」

機械の処理は終了していた。山口さんは、手早く必要なものをポケットに入れて、そして足早に自動ドアからそのＡＴＭコーナーを出た。

ちらっ、と背後を見ると。あの店員はまだ山口さんの方を見続けている。いや、凝視している。その顔は異様に、ひきつっている……。

それ以来。山口さんは、そのＡＴＭコーナーを訪れてはいない。というより二度とそこを利用する気には、ならなかった。

「君子あやうきに近寄らず——ちう、やつやね」

山口さんは再び、この言葉を繰り返した。

ヨシエ

個人書店の経営者である佐藤さんには、姪がいる。

妹の子供で三歳。可愛いさかりだ。佐藤さんにとっても可愛らしい身内だ。その姪が時々、駄菓子を握っていることがある。

子供相手の、いわゆる「駄菓子屋さん」は少なくなってしまったけれど。そのかわり、コンビニやスーパーには必ずと言っていいほど、駄菓子コーナーがある。百均ショップにも。だから親が買い与えたなら姪が駄菓子を握っていても、ちっともおかしくはない。あるいは近所の親しい人間などから、もらったというのなら。けれども姪は、いつも――まわりにいる者が知らないうちに駄菓子を握っているらしい。いつのまにか、だ。着ている服のポケット等に入っている場合もある。ポケットが、ぱんぱんにふくらむほど。

誰にもらったのかと親たちがたずねても、まだたどたどしい口調で「ヨシエちゃんにもらったの」と答える。いつもそうだ。知り合いにも近所にも、そんな名前の人間はいない。どんな人かとさらにたずねても、姪はニコニコしているだけだ。

ひょっとしたらスーパー等に連れていった際、買い物の途中で勝手に棚からとっているのではないか？　親たちは当初、そうも疑った。だが、すぐにそれは、ありえないと思いなおした。

なぜならば姪が握っている駄菓子は、とても古いものばかりなのだ。賞味・消費期限のことではない。いや確かにそういった期限は切れてしまっている——というより、それらの駄菓子はすべて、今現在販売されている代物ではないのである。令和どころか平成、いやいや大部分は昭和40年代くらいの駄菓子なのだ。みんな包み紙の中身は、変質して崩れていたり。容器自体が褪色しきっていたり、変形していたり……そんな代物ばかり。食べるなど、もってのほか。

〝ヨシエちゃん〟が何者かは、わからない。けれど姪につきまとって、そのような古い駄菓子——否、駄菓子の残骸をいつもいつも手渡す者がいるというのだろうか？　三歳児相手にストーカーのように。それも大昔の駄菓子をあらかじめ用意するような何者かが？

もしもそうならその何者かは、尋常とは言えないだろう。

それにしても周囲の人間は、ただの一度も、その〝ヨシエちゃん〟を目にしていない。姪は、いつもいつもいつも、気がついたら駄菓子を握っている。その繰り返しなのだ。

場所も自宅近くや至近のスーパー等だけではない。ふと思いついて出かけた都心部や家族旅行で訪れた先でも、やっぱり起こるのだ。これは、ぜんたいどういうことなのだろう？ストーカー行為だとしても、それほどまでにべったりと、行動を共にできるものだろうか？

「知らない人から、お菓子をもらってはダメ！」

姪の親たちは、そう言い聞かせる一方で〝ヨシエちゃん〟なる者の人相や特徴を聞き出そうとする。けれども、姪はやはりニコニコしているばかり。あまり強く言うと何も語らないままニコニコ顔をくもらせて、おし黙ってしまう。

あるいは説明したくても、できないのかもしれない。三歳児の表現力に限りがある――という意味などではなく、そもそも相手が人間であるのかどうか……。

問題物件　①投票所

神戸から、さほど遠くない町に住む榎田さんは、それまで地域の政治に関心がなかった。しかし退職後、生活が激変して暇をもてあましていたこともあり、その日曜日――地方選挙の投票に行く気になった。

これまでは仕事にかまけて、実は長年過ごした自宅の周囲すら熟知していないありさまだ。自治会活動などは全て妻にまかせてきた。隣近所の家族構成すら、ろくに知らないという徹底ぶりである。榎田さんも第二の人生のスタートラインに立って、このほめられない姿勢を改めようとも思った。

榎田さんが住んでいる町は、関西圏でも往時の狂乱開発を逃れた部分と言えなくもない。町並みも基本、変化は少ない。

その日、妻は外出していた。それで榎田さんは投票の受付用紙を手に、晴天の昼過ぎにぶらりと家を出た。投票所の場所はわかっている。いや、わかっているつもりだった。もう、それこそ長い間、訪れてはいないが地区の公民館だ。自宅からは10分程度。旧い景色が残っている――駅や地方型のショッピングセンターとは逆方向の――なだらかな坂をおりてゆく。記憶とは違って、田んぼや畑を造成したらしい住宅が並んでいたが、それらもいいかげん、くたびれていた。

（こっちの路地が近道だったかな？）

公民館は、ちいさな寺の裏手だったはずだ。路地に入り込んで進む。行きかう通行人は、ほとんどいない。選挙に関心のない人間が、やはり多いということだろうか。それはともかく路地は、やがて寺の塀にぶつかる。

（これに沿って行けばいいのだろう）

法事なのだろうか、塀の向こう側からかすかに誦経が聞こえてくる。と、先ほどの住宅群とは、くらべものにならないくらい古びた木造の建物が見えてきた。目的の公民館のはずだ。おぼろげな記憶のとおりならば。

（あれから建て直さなかったのか？　いくらなんでも老朽化しすぎだろうに）

町の財政難は聞いている。イヤでも耳に入ってくる。とはいえ。

（これじゃあ、廃屋と言われてもしかたがないな）

そう思えるほど、傷んだ外観であった。もっとも榎田さんは、建物の強度等を心配する立場ではない。今日は投票に来たのだ。それ以上でも以下でもない。だから彼は方形の建物の入口に向かった。

入口は開け放されている。ただ選挙につきものの掲示板もポスターのたぐいも、何も——ない。殺風景このうえない。榎田さんは少し躊躇《ちゅうちょ》して、用紙の日付を確かめてみる。いや間違いはない。今日が、その日なのだ。時間も〆切《しめきり》まで十二分に残っている。何も問題はないはず。だから彼は、入口から屋内に足を踏み入れた。

外は晴天だというのに一歩入ったそこは……冷え冷えとしていた。それどころか、寒気を感じる。それほどまでに屋外との差が甚だしい。

(何だ?)

一瞬、榎田さんは立ち眩みのような感覚に襲われる。

……屋内は昼過ぎであるにもかかわらず非常に暗かった。照明は、ついていない。埃が、こびりついているのか——汚れきった窓ガラスから、もうしわけ程度に光が入ってはいるが、明かりはそれだけだ。

(これじゃあ照明が要るだろうに。窓の掃除もしないのか)

暗く、間仕切りのないそこには数人のシルエットがあった。投票所なのだから、人がいるのは当たり前なのだが……。

折りたたみ式の机と簡易椅子が、ぞんざいに配置されて。そこに皆、座っている。それはまだいいとして、そのシルエットがどうにもおかしい。ほんとうに輪郭というか——そこにいる、ということしか見てとれないのだ。間近だというのにそれぞれの顔つきはおろか、服装もよくわからない……。

（まいったな。老眼鏡が、あわないとは思っていたが。しかし、ここに入るまでは何ともなかったが）

それでも榎田さんは、受付らしい一番手前の机に近づいて用紙をさしだした。

「これ、お願いできますかね」

〝受付係〟は、ほんの少し体を動かしたようだ。机の上に、いつのまにか紙片が置いてある。これに候補者名を書けということなのだろう。

（愛想がないな）

榎田さんが紙片を手にとってみると、それはかなり——いや非常に劣化していた。触ると縁から、ボロボロと崩れるのだ。

（なんだ、こりゃ。これに書けというのか？）

書く？　しかし、あらためて見回した周囲は異常だ。記入用の間仕切りも何もない。それどころか用紙を入れる投票箱すら、見当たらないではないか！　がらんとした薄汚く暗い空間。ただそれだけ……。

（ふざけている！　これで、どうやって投票するんだ!?）

そのとたん、「哄ッ！」と、榎田さんの背後で声があがる。

アハハハハッ！　アーーッハッハッハハハハッ!!

ひひひ。ヒヒヒヒヒ！　イーッヒッヒッヒ!!

歓声。嘲笑。それらが、ないまぜになったような。品などカケラもない厭らしい……囃《はや》すような声が。

（何のつもりだ!!）

榎田さんが、かっとなったのも無理はない。彼は背後を振り向いた。そこにいるはずの連中を怒鳴りつけてやるつもりだった。選挙に携わる資質が、根本的に欠如しているやからを、だ。しかし。

振り向いたそこには何も――誰もいなかった。

選挙管理の人間も、そうでない人間も、いはしない。無人。なるほど、机や椅子は、あることはある。けれど、それらは埃が厚く積もっていた。もう長い間、誰も触れていないし、まして使用したこともない。それを如実にあらわしているのだった。いやちがう。ただ一つだけ、埃を積もらせていないものがある。それは、ついさっき榎田さんが係に差し出したはずの——投票用の受付用紙だ。それだけが埃まみれの机の上に、ぽつんと残されている……。

(なっ⁉)

榎田さんは狐に、つままれたようだった。

(たった今まで、ここにいたはずの連中は、どこに行った？　厭やらしい声をあげた連中は——いったい、どこへ？)

榎田さんは、自分の右手を開けてみる。知らないあいだに握りしめた紙片が崩れて粉々になって、床に落ちてゆく……。

ぞくっ。榎田さんは言いようのない戦慄を感じた。いや、それは危機感かもしれなかった。何がなんだかわからない。けれども（無意識のうちに）右手の紙片の残骸をはらい落としながら、彼は建物の〝入口〟に急いで戻った。

まぶしい。一転して昼の陽光が目にも肌にも痛いほどだ。埃とは無縁の外気——晴天のそれが、その瞬間はありがたかった。初めて榎田さんは、自分の心臓の鼓動が異常なほど速まっていることに気がつく。心室細動というものを、起こしかねないほどに。

（何てこった。今、見聞きしたのは何だったんだ？）

呼吸を整えようとする榎田さんの目に、寺の方向から歩いてくる一人の婦人の姿が映る。自分と同じくらいの年恰好の——和装の婦人だ。法事の帰りなのかもしれない。彼は無意識のうちに声をかけていた。

「あの」

婦人が足をとめる。

「あの。妙なことをお聞きしますけど。ここ——この建物は公民館、ですよね？」

婦人は無表情で答えた。

「ちがいます。公民館は……今は移転して。×××の横にあります」

×××というのは、地元のショッピングセンターの名称である。

「えっ？」

榎田さんは、さらに混乱した。

「移転した？　そ、それじゃあ、ここは？」

「確かにここは、公民館でしたけれど」

婦人は表情を、あらわさないまま言葉を続ける。

「移転する少し以前から——何ですか、変な人たちが勝手に出入りするようになって。もちろん不法侵入になるんでしょうけれど。悪い遊びにふけっていたとか。それで病院に運ばれるようなことも、あったとか。そのうち何人かは助からなかったとか。他にもいろいろと——あったみたいですね。ご近所の方は言いたがらないと思いますけれど。それやこれやで今にいたって、管理責任も所在が不明確で不徹底で。世間でいう放置物件でしょうね、ここは。入口くらい板でもなんでも打ちつけて閉め切ればいいのに。このとおり放置したままのありさまで……ようするに廃屋ですよ。今では」

「は、廃屋ですって？　でも」

（自分は今しがた、ここに投票のために入って——そして）

という言葉を、しかし榎田さんは呑み込んだ。

「入口くらい、誰でもいいから閉め切ればいいのに。どうして、開け放したままにしておくんでしょうね。ろくでもない。廃屋になった今でも、何か——悪い話があるようですし」

「悪い話？」

婦人は無表情のまま言葉を紡ぐ。

「悪い遊びにふけっても。他人様に迷惑をかけるようなことがあっても――それはまだ、人でしょうけれど。ええ。その時はまだ。人でしょうけれど。ええ。その後は、どうかしら。どう、呼んだらいいのかしらね」

婦人は元・公民館である廃屋――放置物件をちら、と見ると。失礼しますと小声で言って、その場を去った。独り、その場に残された榎田さんは明るい陽光の下なのにあの、ぞくっという感覚を再度、背中に感じる。その背中には奥が暗い〝入口〟が、餌を待つ口のように開け放されている。

もう一度、入ってごらん？

と、あたかも誘いかけているかのように、ある種の蠱惑《こわく》すらともなって……。

結局、その地方選挙に榎田さんは投票することができなかった。逃げるように出てきた廃屋のなかに――そのままにしてきた用紙を取りに行く気には、とてもなれなかったからだ。地域活動にも積極に取り組みたい、という彼の姿勢に変わりはないけれど。自宅近くであっても絶対に行きたくはない場所は、確実にある。

問題物件　②店舗不在

東京の出版社に勤めている長谷川さんは、ここ数年実家に帰る機会がなかった。しかし勤務形態が劇的に変化したこともあって、久しぶりに帰郷したのだが……。

長谷川さんの実家は西日本のO県にある。スケジュールの都合で実家近辺の駅に到着したのは、夕刻であった。数年ぶりに見る、生まれ育った懐かしい町並み……。

彼女は、ふと思い立って駅からまっすぐ実家への道をたどらず、わざわざ遠回りをした。それは、かつて小中学校時代の通学路でもあった。すっかり変わったところもあれば、まだまだ往時の面影をとどめているところもある。長谷川さんは鮮やかな夕焼けのせいもあって、思い出でいっぱいになった。

（そういえば――この辺に、たこ焼き屋さんがあったわね）

記憶のなかから長谷川さんは思い起こす。そうだ。自宅と学校の、ちょうど中間あたりにおばちゃんが一人でやっている、ちいさなたこ焼き屋があった。安っぽいソース味で入っているタコも小さかったけれど、子供でも買える値段で――遊び仲間といっしょに、小銭を握りしめて訪れたのだ。あの頃の、なんと楽しかったことだろう。おばちゃんは口数が少なかったけれど、いつもニコニコしていた。そうして、たいてい幾つか多めに、たこ焼きを容器に入れてくれるのだった……。

（アレは美味しかったなあ。そして嬉しかった。あれから何年になるのだろう？　15年？　もっとかな。あの店は今でも、あるのだろうか。おばちゃんは元気だろうか？）

あの時ですらおばちゃんは五十歳くらいに思えた。現在は、いくつくらいなのだろう。

夕日を背に浴びながら長谷川さんは、記憶にある道をたどってゆく。そのあたりは更地が続いていた。元は木造住宅が並んでいたはずなのだけれど、それらはなくなってしまって管理地の立て札が目立つ。再造成されかけて、そのままになっているような印象だ。そんななか、ぽつんとした灯が長谷川さんの視界に入ってくる。

（あっ。アレって）

記憶にあるよりも、ずっとずっとそれは小さかった。店というよりも極小のプレハブ小屋である。いや大きさなど、どうでもよかった。たこ焼き屋が、そこにあって――そうして営業している事実が、長谷川さんの胸を熱くする。

（まだ、あったんだ！　でも代替わりしているか、別の人がやっていたりして……）

しかし白々とした照明のなか。たこ焼き屋独特の、受け渡し口の向こうにいるのは確かに、あのおばちゃんだった。もちろん記憶にある面影より、ずっと老けてしまってはいる。それでも当人に間違いない。嬉しさが、長谷川さんを甘酸っぱい感慨とともに包む。彼女はおばちゃんに声を、かけようとした。

けれども。その声は喉元で、とどまってしまう。明るい受け渡し口。その向こうにおばちゃんは立っている。あの、丸い穴がぽこぽこ開いた、たこ焼き屋独特の鉄板の前に。だが、何だか——おかしい。

そうだ。音が聞こえないのだ。たこ焼き屋には不可欠の、あの、ジュウジュウという音。それに匂いも、だ。ツンと鼻腔《びこう》をくすぐる、ソースの刺激臭。かつおぶしや青のりの匂い——それらが伝わってこない。数歩先で今、まさに焼いている最中に見えるのに。

あたりは静かだ。まわりは更地ばかり。その正面は水路になっていて人の気配は他にない。そうしておばちゃんは白々と明るい——いや明るすぎる光のなかに、微動だにせずに立っているのだ。ほとんど直立不動と言っていい。

（変だ。何だか変だ……）

長谷川さんは、違和感をおぼえつつも店の正面に立った。客が前にいるというのにおばちゃんは動かない。客が来たことにも気がついていないかのよう。何の言葉もない。そうして、その顔は、ふつうではなかった。怒っている。そうとしか思えない。いつも——いつもあんなに、にこやかな顔つきのおばちゃんだったのに。それにだ、閉じられた唇の間から、かすかに何か聞こえてくる。

……ぐ。……ぐぐぐ、ググ。…………ぐぐ。ぐ。

(唸っている？)

おばちゃんの顔は、まっすぐ前を向いていたけれど——視線は長谷川さんを通りこしていた。

(どうなっちゃったの？)

長谷川さんは、まず挨拶をしたかった。昔、ここに通った自分のことをおぼえているかどうか、たずねたかった。言いたいことが、たくさんあった。あの頃のことを話したい。けれど、そういった一切合切をうけつけない——寄せつけない空気が壁のようだ。

「あの……」

思いきって口を開く長谷川さん。

「…………」

おばちゃんの態度に変化はない。

「あのお」

無反応。そして、あの唸り声。ぐぐ。……ぐぐぐッ。

「あのお。その――たこ焼き。たこ焼きを頂けますか？　持ち帰りで。その……12個」

「………」

おばちゃんが動いた。無言なのは変わらない。それでも慣れた手つき――それは長谷川さんがあの頃あまりにも見慣れた手つきであった――で、鉄板の上のたこ焼きを容器に入れてゆく。それから、さらにビニール袋に。

長谷川さんは目の高さに書かれた値段表を、すばやく見る。仕事柄、一瞬でチェックするのは得意わざと言ってもいい。記憶よりもそれらの値段は、やや高くなっていた。財布からとりだした小銭を受け渡し台に置いた彼女はおばちゃんが、むぞうさに差し出した袋を、かわりに受け取る。

「………どうも」

長谷川さんはその場を離れた。離れざるをえない。他にすることは何もなかった。夕焼けはいつのまにか消えて、あたりは暗かった。感動の再会などとはほど遠い。いや遠すぎる。彼女は、むしょうに悲しかったけれど——それ以上にふに落ちなかった。年月は人を変えてしまう。時には無惨なまでに。彼女の周囲でも、そんな例はいくらもある。けれど。おばちゃんの変化は、あまりにも甚だしい。老齢で偏屈になってしまった——はたして、そうだろうか。もっと何か、病的なものではないだろうか？　それに、あの言いようのない違和感。あれは一体？

実家の方向に再び向かい始めた長谷川さんは、ちょっと背後を振り向こうとした。そのとたん、何かに足を引っかけた。

（あっ）

転倒こそしなかったものの、買ったばかりのたこ焼きが入ったビニール袋を放り出してしまう。容器が袋から飛び出た。そして地面に中身を、撒きちらす。

（なんてドジ！）

今日は厄日か何かなのだろうか。自分に毒づきながらも長谷川さんはおばちゃんから買ったものを、そのままにしておくことはできない。彼女は薄闇に白く浮かびあがるビニール袋に駆け寄った。すると。

何か——そこで動いていた。

（えっ？）

口を開けてしまった容器。その中にも外にも、うじゃうじゃと何かがいる。

ミミズだ。太いもの細いもの。小さいもの。大きいもの。それらが団子状になって……何十四か、それ以上か。いや、ミミズだけではない。長谷川さんには名前もわからない虫のたぐいが蠢いているではないか！

ゾヨゾヨゾヨゾヨゾヨゾヨゾヨゾヨゾヨゾヨゾヨゾヨゾヨゾヨ………。

（嘘！）

長谷川さんは、自分で自分の口を押さえた。薄闇のなかで蠢く虫が、おぞましかったからだが――それだけではない。ありえないからだ。虫は瞬間的に、容器に集まってきたのでないことは明白だ。ということは容器のなかに詰め込まれていた？

（生きた……大量の……厭らしい……虫が？）

だがおばちゃんは手ずから鉄板の上のたこ焼きを、入れてくれたのだ。長谷川さんは、その一部始終を至近で見ていた。だとしたら――どうなるのか？　何か答えが出るものなのだろうか？

長谷川さんは、もう一度後ろを見遣る。他に灯のない寂しげな場所に白々とした灯が、ぽつんと、浮かびあがっている……。

長谷川さんは、このできごとを実家に到着したあとで母親に打ち明けた。母親は、それを最初は訝しげに。次にハッとした様子で。最後に深刻な表情となって聞きおえてから口を開いた。

「あのね、○○子（長谷川さんの名前）。あの××なんだけれどね」

××というのはおばちゃんがやっている、店の屋号である。

「あそこに××は、もう、ないのよ。お店自体が、ないの」

「えっ？」

長谷川さんは、母親が何を言っているのかわからなかった。

「何、言っているの。母さん。おばちゃんのお店が——何ですって？」

母親は、じっと娘を見つめる。

「あそこの奥さんね。懇意だった人に長年、場所を借りていたようなんだけれど。その人が亡くなってね。跡継ぎの子供たちに、立ち退きを迫られたみたい。でも奥さん、あの店が生きがいになっていたのね。がんとして応じなくて。跡継ぎは、あそこ一帯を業者に売りたかったみたい。そのあとは、人相の悪い人たちが押しかけたりしてね。奥さんも、もう若くなかったから――だんだん気も弱くなっていって。……神経衰弱というのかしらね。こんなこと言ったらいけないんだけれど。店を訪れた人に対して奇行に及んだり」

「奇行？」

その部分は、母親も言葉を濁してしまう。

(奇行って……いったい何をしたというのだろう？　それは、もしかしたら)

「それやこれやで誰も、あそこに寄りつかなくなってしまってね。そうして……」

母親は最終的に何があったか――それもまた言い切ろうとしないのだった。

「それじゃあ……」

「あんたがこの前、帰ってきてからすぐだったわねえ。あんな小さなお店だものね。取り壊しなんて、あっという間だったわ。それで更地になってしまったんだけれど。結局、売却話もどうなったんだか……跡地には何にもできないままでね。土地の持ち主の家も、それから業者側も何か――あったみたいだし。怖いわ。そういうことって、やっぱり……あるのかしらねえ。もう、何にも、あそこにはないというのに。それでも……あんたと似たようなことを言う人もいてね。何だか妙なことが、あるって。起きるって。だから――あのあたりは日が暮れたら、みんな避けていたんだけれど。まさか、あんたが遭うなんてねえ……」

長谷川さんは母親の言葉を、脳裏で整理しきれない。母親は何を言っているのだろう。もう、あのおばちゃんのたこ焼き屋は存在しない？　しかし自分は先刻、間違いなく、あそこに立ち寄ったのだ。話こそ交わせなかったけれどおばちゃんから、たこ焼きを買ったのだ。もしも、母親の言うことが正しいというのならば。間違いがないというのなら。

（それじゃあ私は一体、どこに立ち寄ったの？　誰と会ったの？　一体、誰と？）

ガタガタガタッ！

夜風が、吹いてきたようだ。母娘が向かいあっている部屋の窓が鳴った……。

翌日の昼。長谷川さんは、実家からおばちゃんのたこ焼き屋への道をたどった。ビニール袋を放り出したとおぼしき場所には、袋も容器も見当たらない。誰かが片づけたのだろうか？　そうかもしれないし、そうでないかもしれない。

（そう言えば）

渡されたビニール袋は――冷たかった。目の前で焼きたてのたこ焼きを入れてもらったにもかかわらず、まったく温かみを感じなかった。ほんの少しも……。

あの懐かしい店は母親の言うとおり、記憶する場所になかった。どこにもなかった。痕跡すら見当たらない。そこには周囲同様の更地がある。丈の低い雑草が茂っている……ただ、それだけの更地が広がっている。

（でも私は昨日――つい昨日――ここでおばちゃんに会ったのだ。間違いなく）

呆然と立ち尽くす長谷川さんの、一歩踏み出したその足の先に何かが当たった。

下を見る長谷川さん。そこには硬貨があった。何枚かの硬貨が地面の上に積み重なっている。その合計は彼女がおばちゃんに支払った額と、ぴったり同じであった。

問題物件

③其レハ事故物件ニ非ズ

日下さんは仲介業者のオフィスで、担当氏と小卓をはさんでさしむかいに座っていた。彼は東北地方に在住していたが仕事の必要上、半年ほど東京近郊にて仕事場を兼ねた部屋が必要になった。それで、これまでも同様の依頼をしてきた業者のもとを訪れて、適当な物件の有無をたずねている最中だった。

担当氏はデータベースにアクセスし、いくつかの候補を選んで提示する。その上で、ちょっと姿勢を正してから、こんなことを切り出した。

「日下様。実は、これらの他に格好の物件があるにはあります。手前どもが最近、扱うことになった物件なのですが。条件はこれこれで……」

〝条件〟は申し分がない。いや、はっきりいって立地はもちろん、金銭的に破格だ。これならば用意していた予算のお釣りで、思いがけぬ〝余禄〟が楽しめるだろう。

「なんだか、うますぎる話だね。いつも世話になってる君たちにこんなことを言うべきではないのだが、うまい話にはなんとやらだ。こいつはひょっとしたら、流行《はや》りの事故物件というやつじゃないだろうね？」

もちろん日下さんは冗談で言ったのだが、担当氏の顔の筋肉が不自然に動いたのを彼は見逃さなかった。彼は人間観察には自信があった。

「……おいおい。おだやかじゃあないな。ほんとうに、そうなのかい？」

「いえ、日下様。世間でいう事故物件などではございません。天地神明に誓いまして」

担当氏は芝居がかった台詞を口に出す。彼は近年にない人気の某ドラマで有名になった、歌舞伎界系の俳優に似ていないこともない。

「ただ、何と申しますか。こちらの物件に入居された方々は、どなたも非常に短期間――そう、予定されていた期間をまっとうされず、中途でここを移られまして」

「そいつは、まったくもっておだやかとは逆だ。みんながみんな、そうなのかい？」

「そう言っても過言ではありません。大事な顧客の日下様に、隠しごとはいたしません」

「ふうむ。その物件――部屋だが、人死にや事故か、そういったことごとは過去になかったんだね？　それなのに皆、居つかないとはね。まさかとは思うが出る、とか？」

「出る、というのが世間でいう幽霊などをさしておられるのなら――出ません。そんなことはございません。何も」

担当氏は、きっぱりと力強く言い切った。

「そのように思われるのも、昨今の風潮から当然でございます。が、そのようなことごとを見聞きされた方は、ただのお一人もおられません。また、過去にそのお部屋で何か不幸なできごとがあった——ということも、まったくないのです。手前どもも、この物件を扱うにあたって綿密に調査をしております。くわえて、この業界には心理的瑕疵に対する告知義務というものがございます。天地神明に誓って、そのようなことごとは存在いたしません。ただ……」

イッキに長台詞を言い終えた担当氏は、最後の部分でまた顔の筋肉を、さらに不自然に動かす。

「ただ？」

「その物件にはロフト——が付属しているのですが。皆さま、それがおそろしい、とおっしゃいます」

日下さんは、わけがわからない。

「ロフトが？　なぜ？　何か——そのロフトで起こるとでも？」

「起こりません」

担当氏は首を振る。何度も振る。単純なギミックの人形さながら。

「起こりません。ほんとうでございます。手前どもも不可思議としか言いようがありません。皆さま、そのロフトに近づきたくない。何も目には見えないし、怪しいことは何一つ起こらないけれど、そこに何かいるような気がする。ぞっとする。そうして部屋にいたたまれない、暮らすことができない――などとおっしゃいまして。ええ、何も起こりはしませんとも」

「………」

「それでも口をそろえているみたいに、同じようなことをおっしゃいまして。夜はもちろん、昼日中であっても。ええ、それはもう明るい爽やかな部屋なのですが。昼日中であっても、どうかすると外に飛び出したくなる。窓や戸を開けることすら考えられず、ガラスを体当たりで破って、外に飛び出したくなる衝動に駆られる………などと」

「……まったく、何と言うか、おだやかではないね」

担当氏は今度はうなずく。何度も何度も何度も何度も。

「同感です。まったくもって。実は手前どもも――あ、私個人という意味ですが。その部屋で丸一日、過ごしてみました。その……何かしらわかるのではないかと思いまして」

日下さんは、ほんの少し身を乗り出した。

「ふうん。で、どうだった？　何か、あったかね？　わかったかね？」

「ございません。天地神明に誓いまして。それはもう天地神明に誓いまして」

担当氏は口調も強く言い切る。二度も、だ。しかし、その顔の筋肉は、これまでにも増して動くのだった。

「ただ……」

「ただ？」

「あそこに居る。居続ける。まして暮らす気には、とうていなれません。はい。手前ども――ではなく私、個人の感想ではございますが。あくまでも」

担当氏の顔は真顔であった。常日頃の営業スマイルは残っているけれど、その眼は細かく眼振を起こしていた。ひょっとしたら彼は、ひどいめまいに襲われているのかもしれない。

「なるほどね」

沈黙が小卓をはさんで続いた。

ややあって。沈黙をやぶって口を開いたのは日下さんであった。

「なるほどね。それじゃあ、さっきの——最初の候補の方から前向きに検討させてもらうよ。うん。破格じゃない方から、ね」

それは坂道をのぼってくる……

黒崎さんは京都出身であるけれど、嫁ぎ先は北大阪隣接の某県某所で——数十年同じ土地にいる。そこはY街道という旧《ふる》い街道沿いだ。もう地元の人間ですら、その名称をおぼえているかどうか怪しい。至近の私鉄郊外線の駅から、ほぼ一本道。彼女の家は、坂をのぼったところに位置している。

その……〝物音〟に黒崎さんが気がついたのは、いつからだったろう。

時刻は深夜の2～3時頃。就寝後、トイレに立ったり台所に水を飲みに行った黒崎さんの耳に、それは厭でも入ってくる。

家の前の道路——坂の下の方から何かが、近づいてくる。

なんと形容したらいいものか？　大きなスクラップ類をロープでつなげ、アスファルトの上で引きずっているかのような。で、なければ（古臭い言い方だが）石臼《いしうす》を何十個も——いや、それ以上も連ねて。やはり路上で引きずってでもいるかのような。

がしゃん。がしゃん。ガタガタガタガタ。

ずるっ。ずるずるずる。ずる〜〜〜ッ！

がしゃん。がしゃん。がっしゃ〜〜〜ン！

とんでもない音が坂の下の方から響いて、黒崎さんの家の正面までやってくるというのだ。そうして、それはそのままY街道の彼方に遠ざかってゆく……。

いったい何が、やってくるというのか。

たとえば。周囲にはまだまだ畑が残っている。（朝市向けだとしても）その収穫物をリヤカーなどに乗せて夜のうちに、運んでいるとは考えられないだろうか。だがしかし、物音の進行方向は市場やスーパーとは真逆らしい。街道をその方向に進めば、より辺鄙《へんぴ》な……人家もほとんどないところに行きついてしまう。

いやいや、それ以前にだ。彼女の家の周囲は、新旧混交した住宅街である。そのなかを、ゆっくりと——深夜にそんな〝何か〟が近づいて通り過ぎれば苦情が出て当然だ。何を運んでいるか引きずっているか皆目わからないが、音の様子から一人や二人でやっているとも思えない。大人数が道路で騒音をたてれば役所に問い合わせる人間、警察に訴える者も出てくるだろう。ふつうならば。

けれども。実際にはそんなことをする者は皆無らしい。近所の主婦たちにそれとなくた

ずねてみても、

「深夜に、そんなことがあるの？　気づかないわねえ」

「そうなの？　ふうん……わからなかったわ」

などと当惑した答えが返ってくるばかりだ。同じ家で寝起きしている夫すら、朝になって聞いても、

「そんなことがあったのか？」

と、訝《いぶか》しげな顔をするだけ……。

黒崎さんは自分がしばしば耳にする深夜の騒音に、不可思議の思いを抱かざるをえない。自分は間違いなくアレを聞いている。聞き間違いでもなければ、寝ぼけているのでもない。では、なぜ誰も奇異に思わないのか。いや、そもそも耳に入っていない——そうとしか解釈できないことを言うのか？

疑問解消の早道は、その物音が響いてきたその時に。黒崎さんが屋外に出て確かめることだ。だが……。

ここで唐突ではあるけれど「隻輪車」という妖物について触れたい。「隻輪車」には本来、別の字をアテるらしいが——それは置いておく。はるか昔、京都や滋賀県のあたりに出没

したらしい。目撃者は深夜、当時の牛車《ぎっしゃ》の車だけが、ゴロゴロゴロゴロと音をたてて転がってゆくさまを見たという。あるいはその車輪には女が乗っていたり、顔だけがついているとも。それを目撃した者は、必ず凄絶な災厄に見舞われるというのだ。見ることはタブー。それどころか口に出してもいけない。噂にするなど、もってのほか。見ても話しても祟られる。それが「隻輪車」という妖物なのだ。

当時の人々は戦慄した。無理もない。理屈も情も一切、通用しない。解呪など存在しない。好奇心は猫をも殺すというが——好奇心で「隻輪車」を見ようとする者、見てしまった者は事実上、そこでおしまいなのだから。

黒崎さんは、この妖物のことを知っていた。子供の頃に誰かから聞いたおぼえがあった。むろん自分が聞いている奇異な物音が、即「隻輪車」などとは思わない。思うはずもない。それは、あくまでも伝承の領域なのだから。

ただ一度それが坂道をのぼってきたその時に、外に出れば正体はわかる。わかってしまえば笑い話で終了する。もしくは正体のあまりのつまらなさに、「なんだ、こんなものだったのか」と、気張っていた自分が馬鹿らしくなる。おそらくは、そうだろう。

それでも——彼女は現在にいたるまで、その時その瞬間に外に出るふんぎりがつかない。

鬼ごっこ（強制）

場所は関西圏、としか言えない。

元号をさかのぼることになるが。その町の「トンネル」には様々な噂話がついてまわっていた。「トンネル」——と町の人間は呼んでいたけれど、ようは地下通路である。

地上には広大な鉄道関係の施設があって、となり町へ行くには難儀する。逆もまたしかり、だ。踏切はあるけれど時間帯によっては、文字どおりの開かずの踏切となる。だからあらかじめ……あるいは、どの時期からか地下通路があった。ふつうのそれは駅の下などを潜るかたちで、短いものなら歩いて30秒も要さないだろう。だがこの「トンネル」は、施設の広大さに比例して、通り抜けるまでゆうに数分以上はかかる。お年寄りや、歩行に支障のある人間ならさらに。

中途には万一の際の排煙口だろうか。地上に抜ける穴が、ぽっかりと開いていた。車両も通行可能だが、すれ違うことは困難だ。人間は一段高くなった歩道を歩くけれど、不人気きわまりなかった。

「トンネル」内は照明が少なくて、昼間でも場所によっては夜中のようだ。湿っていてカビ臭く、めったに清掃もされないものだから、そこかしこに不心得者が捨てたゴミがあったりもする。当然、防犯上も大問題だ。痴漢や強盗のたぐいが出没しても、まったくおかしくない。実際、そのようなこともあったらしい。

だが「トンネル」にまつわる噂話の主流は——当然と言うべきか——怪しいことごとだった。排煙口からは当時、ロープのようなものが垂れさがっていて。アレは縊死した人間が使用したものだ、などとまことしやかに囁かれた。あるいはその排煙口から、地上の線路の事故で轢断された人体の破片が「トンネル」内に飛び込んできた……とか。「トンネル」内でトラックの車体に巻き込まれた者が、そのまま赤い帯をつくって引きずられた……とか。そして、それらの幽霊、亡霊、お化け——呼び名は様々であったけれど——が現れる……とか。

そういった流言も付近の学校等を震源地に広まっていた。いや震源地は案外、大人の方であって。子供たちはそれに、おひれをつけていったのかもしれない。

いずれにしても町の人間は、そのトンネルを使わざるをえないのだけれど。できるだけ日が暮れると、そこを避けていたことは間違いない。女性はなおさら、であったし、親は子供にできるだけ通らないよう言いきかせる。現実的な危険を忌避したのは疑いようがないが、もっと原始的な怖れも確かにあった。つまりそこは、そういう場所であったのだ。

……現在、リフォーム会社を経営しているGさんは、当時その町に住んでいて中学生だった。冬も近い季節で雨が、いつ降ってきてもおかしくない曇天の日。彼はまさに皆が忌避する時刻、その「トンネル」にさしかかっていた。

居残りで、いつもよりも帰宅時間が遅くなってしまったGさんは迷っていた。彼にとって「トンネル」は、何も初めての場所などではない。これまで幾度となく使用してはいる。もっとも、それを抜けるときは他の子供たちや女性がそうであるようにたいてい複数で、もっと早い時刻だった。遅くなってそこは使用したくはなかった。ましてこんな天気ではその内部は、真っ暗なところもあるだろう。

しかし、Gさんが住んでいる団地は「トンネル」さえ抜ければすぐなのだ。踏切に回れば帰宅はずっと遅くなってしまう。彼には観たいTV番組もあった。リアルタイムでしかTVを見れない当時の子供にとって、それは重要事だ。友達のなかには肝試し感覚で「トンネル」にわざわざ赴き、そのことを自慢げに話す者もいたけれどGさんはふつうの子供で、ふつうにそこが嫌いで——怖かった。

それでも彼は意を決して「トンネル」の、ゆるやかに傾斜する入口を下り始めた。

（年寄りじゃないんだ。自分ならあっという間に抜けられる。ほんのちょっとだけ、しんぼうすればいい）

一部に踏み切りのような塗装が施されて、車両の高さ制限等が書かれた四角い入口をGさんは、くぐった。

汚く薄暗い蛍光灯が等間隔にあるにはあるけれど、その間隔は非常に開いていた。Gさんは、まずそれが厭だった。こんな雨が降りそうな日はなおさらだ。〝お化け屋敷〟という言葉が頭のなかに浮かびあがる。彼は当時――どこの家族向け遊園地にも、あたりまえにあった〝お化け屋敷〟のたぐいも好きではなかった。こんなときに思い出したくもない……。

（大丈夫だ。なんてことはない。自分はもう中学生なんだし）

視界のなかに他の通行人の姿は認められない。後ろを見ても、やはりそうだ。どちらかといえば車両の数が多くなるはずの時間帯なのに、入ってくる車両も向こうからやってくる車両もなかった。

「トンネル」の向こうには灰色の光が、ぼうっと、浮かびあがっている、言うまでもなく出口だ。晴天ならば銀色のそれも頼りない。時折、地上の電車の走行音だろう。ぐもった音と、かすかな振動とが伝わってくる……。

Gさんは、当然のことだが「トンネル」内の歩道の上を歩いていった。冬も近いのに空気が湿っている。

……ぴちゃ。

Gさんが「トンネル」のなかを三分の一ほど歩いた時。背後で音がした。濡れた靴音のようだった。誰か別の人間が、入ってきたのだろうか。そして外では、とうとう雨が降り始めたのだろうか。「トンネル」内は物音が響く。靴音は連続して聞こえた。

ぴちゃ。ぴちゃ。ぴちゃ。

Gさんは再び後ろを確認した。

……後続の人影は、ない。後方にあるのは自分が入ってきた入口の、やはり灰色の頼りない明かりだけ。

(おかしいな。今のは聞き間違えだったのだろうか?)

だが。数秒もたたないうちに、それはまた耳に入ってくるのだ。

ぴちゃ。ぴちゃ。ぴちゃ。

（え？）

Ｇさんは今度は素早く、反射的に後方を確認する。だが同じだ。誰も――いない。人だけでなく車もバイクも自転車も、何も。だったら？

（何だよ……）

Ｇさんは、まだ「トンネル」の半ばにも達してはいない。それでも、あの排煙口が、おぼろげに見えていた。噂のある排煙口。いや排煙口だけではない。「トンネル」にまつわる、これまでに耳にした様々な噂話が彼を苛み始める。

びちゃっ。びちゃっ。びちゃっ。

靴音？　いや、それはもっと粘液質な感触の足音であった。何か――べちゃべちゃした液体で濡れた素足のまま、歩道のコンクリートの上を歩いているような？　そして、それはまた、いくらか足早に変化していた。もう、すぐにでもＧさんの背後にやってきそうだ。

（聞き間違いでも何でもない。何かが、自分の後ろにいる。そして……自分を追いかけてきている!?）

その想像はＧさんを慄然とさせた。それでも彼は、自分の背後に迫ってくるような足音を四度、確認することはできない。見たい反面、見ることができない。今度、後ろを見たなら――何かと鉢合わせしてしまう！ そんな確信がふくれあがっていた。 根拠など何もない。けれど。

ソレハ、ケッシテ見テハイケナイ。耐エラレナイ〝モノ〟ニ、チガイナイ……。

「――！」

爆発的な恐怖としか言いようがない。Gさんは走り出したかった。いちもくさんに出口に向かって。けれども、そんなことをしたらいけないと、もう一人の自分が制する。走り出したとたん、すぐ後ろにいる〝モノ〟が背中におおいかぶさってきたらどうするのか。もしも、そんなことになったなら？

びちゃん！　びちゃん！　びちゃん！　びちゃあああンッ！

Gさんはうかつに「トンネル」に入った自分を呪う。できることならば引き返したかった。しかし、それはできない相談だ。彼は年齢に比して非常な自制心を酷使し、ただ歩く。汗などかくはずもない季節であり気温であったけれど、彼の全身は汗みずくになっていた。数分でたどりつく出口が、あまりにも遠かった。

（どうしたらいい？　どうしたら？　あっ！）

ほんの数メートル先に人影が見えた。誰かが、Gさんに先行して歩いている。その背中が見える。それまでは先行する人影など、まったくなかった。仮に誰か歩道にいたならば、まっすぐな「トンネル」のなかで、これまで気づかないはずはない――しかし、そんな単純きわまりない理屈は、Gさんの頭に欠片《かけら》も浮かばない。

Gさんは自分を助けてくれるものがそこにいる。ただそれだけを認めて、ついに走り出していた！

（うしろにいる〝モノ〟が、自分に追いつきませんように！）

そう念じて短い距離を全力疾走したGさんは、前方の人影にすがりつくように近づいて叫んだ。

「たっ、助けて――」

声を出し切る前に人影はGさんに向きを変える。

ちょうど、あの排煙口の真下あたりだった。外の曇天が最後の光を、おぼろげに落としていた。そのなかに作業着姿が浮かびあがる。それは全身の四肢が、いや胴体すらも著しくバランスを欠いていた。折れ曲がったり。削げていたり。足りなかったり。

とりわけ、頭部は半分以上も――足りなかった。

……車高制限を気にしながら「トンネル」に入ろうとしたトラックは、錯乱状態でなかから飛び出してきたGさんを、あとすこしで轢いてしまうところだった。運転手の奇跡的な機転で、ことなきを得たけれど。

中学生とはとても思えない力で暴れたというGさんは、取り押さえられる際にほんの少し怪我をしたものの身体の方は無事だった。それ以外は彼と、その家族にしかわからない。

Gさんは二度と「トンネル」に近づかなかった。

「トンネル」の方は時代が変遷した今、名称や形状を変えて現役なのか噂話の方もそうなのか。Gさんが明確に町の名を語らない以上、それもわからない。

誤認誘導物件

「錯視っていうのは、珍しくないだろう？」

Ｓ県にある某大学。大河内君がそのキャンパス内の学生食堂で日替わり定食を食べているときに、同席していたＥという学生が、そんなことを言い出した。Ｅは大河内君と同じ学科の同期で、少し変わり者だと周囲にはみなされていた。

「サクシ？」

大河内君は、脂《あぶら》っぽい唐揚げを咀嚼しながら聞き返す。

「ああ。知らないのか？　かんたんに言えば目の錯覚だよ」

「ならかんたんに言えよ」

フン、とＥは鼻を鳴らす。Ｅにはいくつもクセがあったけれど、その多くは他人からは高慢にしか思えないものだった。食欲がないのか何も食べようとせず、その前には水の入った紙コップが置かれているだけだ。

「……エッシャーの無限階段とか知らないか？　人間の眼というのは、かんたんに騙されるんだよな。幾何学的な模様なんかに多いんだが——。もちろん、それ以外でも起こる」

「ふうん。それが、どうかしたのか？」

大河内君にとっては錯視などより、咀嚼《そしゃく》中の唐揚げの方が問題だった。学生食堂の定食はたしかに安い。だが、それ以外は、まったくほめられない……。

「オレはね。誤認誘導物件と読んでいるんだけれどね」

「ごにん——え？　なんだって？」

「誤認誘導物件」

Eは、高慢な調子でその単語を繰り返す。

「たとえば、だ。大河内、お前が道を歩いているとする。暗い夜道だ。他には誰もいない。すると、道の端の植え込みに、誰か佇んでいるのが見える。いや、潜んでいると言った方がいいか。お前が来るのを待ち受けていると言った方がいいか。そんなときはどうする？物騒だと思わないか？　身構えないか？」

「そりゃあ……思うし、身構えるだろうな」

「だろう？　しかし、実際に近づくと別のことがわかってくる。強盗、異常者、痴漢——まあ、なんでもいいが。もしかしたら危険きわまりない、と思ったそれは、たんに植え込みの枝葉や電柱のシルエット。そういったものが偶然つくりだした〝幻の不審人物〟だったというわけだ。そんな経験はないか？」

唐揚げをなんとか呑み込んだ大河内君は、しぶしぶであったけれどうなずいた。

「それなら、あるな。それが誤認誘導物件というわけか？」

Eは、うれしそうに応える。

「ああ。どのつまり錯覚に過ぎなかった——いくらでもあるだろ？　車を運転してるときなんかはなおさらだ。歩行者に見えたものが、実は道端に積み重なったガラクタだったり。山道の〝のり面〟から突き出た大きなパイプのたぐいだったり。そんなことは珍しくもない。場合によっては事故の原因になったりもするな。瞬間的に歩行者が、道路を無理やり横断しようとしている！　そう思いこんで、ドライバーがとっさにハンドルをあらぬ方向に切ったりして」

「たしかにありそうだな。しかし、それがいったいどうしたんだ？」

そもそもEは、なぜこんなことを言い出したのか。

「オレは自宅からココに通ってる」

「知ってるよ」

「自宅の近くにはスーパーがあってな。時折、そこに食材を買いに行く」

「ふうん」

「途中に小規模だが園芸店があってな。といっても、ずっと以前から閉店状態で閉め切ってるんだが。そこに看板があるんだ。農作業着姿の婦人だと思うんだが、それに見立てたらしい人型の看板だ。等身大だ。手づくりで、稚拙なんだが……ぱっと見ると不思議に、そこに人が立っているように見える。夕方なんかは特に。日が沈むとさらに、な」

「ふうん。お前の言う、誤認誘導物件か」

「ああ。あれは写真じゃわからないだろう。一瞬の人間の脳内——判断力の陥穽《おとしあな》か。バグ、か。そういうものが生み出すんだ、誤認誘導というのは」

Eは熱心に話し続ける。しかし大河内君にはどうも、その意図がわからない。なるほど誤認誘導物件——そういうものは確かにあるだろう。しかし、この場合それがなんなのか。Eは何を言いたいのか。

「数日前なんだが。やっぱりオレは、その道を通っていた」

Eは、言葉を重ねる。

「そして、いつものようにその——園芸店あたりにさしかかった。日が暮れて、あのあたりは野外灯もない。あいかわらず、看板は、闇にまぎれてほんとうの人間に見えた。うすっぺらい板にすぎないのにな。農作業着を着た婦人。ある程度まで近づかないと、そう見える。園芸店から道路に出てくるように見える。いつもそうだ。錯視の――誤認誘導物件の典型例だ。けれど」

「けれど？」

「その時は、いつもと違った」

「違った？　どう違ったんだ？」

「その看板が、動いた」

「？」

「たしかに数歩、道路に踏み出して。いや、それだけじゃない。オレに向かって手をあげて――手招きした。オイデオイデというやつ」

「…………」

大河内君は、Ｅの顔を見た。Ｅは変わり者だが、悪趣味な冗談を言う男ではなかった――はずなのだが。

「オレは、それ以上進めなかった。その夜はスーパーに行けなかった。走り出したりはしなかった。そうしては、いけないとなぜか思った。それで……ゆっくりとその場を離れたよ。それはもう、ゆっくりと、な」

「……へえ」

大河内君は、冗談はやめろよ、と言うこともできた。そんなこと、あるはずないだろ、とも。しかし、なぜかそのどちらも言えなかった。Eの顔は、うれしそうだ。しかし、その眼は――熱を帯びて真剣そのものであった。これまで見た、いかなるときよりも。

「オレはな。誤認誘導物件について、まとまったことを書くつもりだ。論文としてな。そして、教授に――誰かは決めていないが、提出するつもりだ。ああ、ひょっとしたら画期的なものになるかもしれない。うん。これまでの定説――か。そいつを覆《くつがえ》すような、な」

「……へえ」

大河内君は、すでに食欲を喪失していた。脂《あぶら》っぽい唐揚げなど、どうでもよくなっていた。昼時の喧騒から脱した学生食堂は、広いけれども閑散としつつある。目の前にいるEの顔は、これ以上はないくらいうれしそうだ。そうして、さらに何かしゃべりながら、ぶんぶんと、両手を何のつもりか振り回している………。

Eは、まもなくキャンパスから姿を消した。彼が書いて提出すると言っていた錯視――

誤認誘導物件に関する〝論文〟は、はたして完成したのか。そうしてどこかに提出されたのか。確かめようもない。

あとがき

　ここまでお読み頂き、ありがとうございます。当方『さたなきあ』が竹書房様から約一年前に刊行の前著――『純粋怪談　惨事現場異話』。幸い、ご好評を頂戴いたしまして、ここに第二弾刊行の運びとあいなりました。前著をご購入・ご購読して頂いた全ての方がたにあつく御礼申し上げます。

　……「怪談」はもちろん、昨日今日はじまったものなどではなく。一説には文字が発明されたそのときにはすでに存在した――などというお話もあるとか。本邦の某古典のなかにも、このような話が出てきます。ある有名な人間が語ったとされ、タイトルは「怨みがふかい者の魂がさまよう云々」のようなのですが。

　ある家で怪異が起こります。初日は家が鳴動し。次の日には怪しいものが外から家のなかに入ってきて、戸を叩きながらおそらくは家人の名前らしきものを呼ぶ――という風に、約七日間にわたって手をかえ品をかえた怪事が続きます。ただ「怨みがふかい」と題されているにもかかわらず、この何かはその行動すべてに一貫性がありません。ある日はいつのまにか台所の釜で火を焚き、家人に見つかるとかき消え。別の日は隣家の境から、のぞきこんでいるところを隣家の住人に発見されて「お前の家になんか、用はないのだから黙ってろ」と言って、また消え。祈祷《きとう》をした次の日はあらわれず、家人が「もう五度も続いて出たのだから、おしまいだろう」と言うと、いきなり「五度に限らないぞ！」と虚空から声をかけてくる。そうして七日めには就寝中の家の夫婦の部屋で彼らの体に触れたため、夫婦はおかしくなってしまった……と。

　話はここで終わっていて、後日譚もなければほんとうに〝怨みがふかい魂〟であったのかどうか。大前提として怨みがあるというなら、それは誰がターゲットで、そもそもどんな怨みであったのか全てがはっきりしない。いやいや、どこか遊戯的で愉快犯的なこの何かの行動を見るかぎり——手段こそが目的であり、相手は誰でもよかったのではないか？そうも思えてくるのです。

　理屈や情などでは解釈もできず、なまじの対抗法では対処もできない。禍《わざわい》をなす理由が存在するかも不明。しかし確実に遭った者の身体・精神をも損ねる——この何か。それは、はるか昔の存在ではありますが。本書の冒頭で、喩《たと》えとして挙げさせて頂いた「地雷」や「不発弾」と共通するものがある、と思うのは当方だけでありましょうか？

多く因果因縁がまつわる怪談・怪異譚群のなかにあって。原因から結果の図式の外にある怪異を多分にチョイスする『純粋怪談』の第二弾。お愉しみ頂けたならば幸甚であります。そうして本書をひもといてくださった、貴方や貴女やあなたがたに。またいつか、お遭い——いえいえ、お会いできることを。

さたなきあ　拝

純粋怪談　其レハ事故物件ニ非ズ

2021年2月4日　初版第1刷発行

著　さたなきあ

カバー　橋元浩明（Sowhat. Inc）
発行人　後藤明信
発行所　株式会社　竹書房
〒102-0072　東京都千代田区飯田橋2-7-3
電話03-3264-1576（代表）
電話03-3234-6301（編集）
http://www.takeshobo.co.jp

印刷所　中央精版印刷株式会社

定価はカバーに表示しています。
落丁・乱丁本は当社までお問い合わせ下さい。

ISBN978-4-8019-2537-3 C0193